裁判例・裁決例から紐解く

減価償却資産の税務実務

税理士 草間 典子

税務経理協会

はじめに

減価償却資産というと、皆さんはどういう印象をお持ちですか。減価償却の方法は、税理士試験というよりも簿記で勉強するものです。現在は、会計ソフトで減価償却資産を管理していますので、減価償却費も自動で計算してくれます。そのため、税理士からすると、「何を今さら…」という気もするでしょう。

しかし、最近は大企業においても減価償却資産を巡り、課税庁より法人税の更正処分を受ける事案が発生しています。例えば、平成31年1月18日東京地裁などは、大手通信事業者が携帯電話通信に使用している鉄塔などの耐用年数が違うと課税庁より更正処分を受けた事案です。大企業でさえも、課税庁から耐用年数の違いを指摘されるのです。

いくら、会計ソフトがよくできていても、それを利用する人間が、耐用年数表の見方を誤ったり、基本的な考え方を理解していなければ、正しい減価償却費は計算されません。

筆者自身、減価償却資産について改めて勉強したいと思いましたが、その際に、税理士向けに減価償却資産に関する書籍が少ないということに気付きました。しかし、どのような業種や事業規模の会社であっても、減価償却の対象となる資産を保有しているはずです。本書は、税理士や企業の経理担当者向けに、減価償却資産について一通り参考となるものを作りたいと思い、執筆しました。

本書では、減価償却資産について発生する問題を、取得時、保有時、処分時と時系列に分け、より実務的な構成としています。また、減価償却資産について基本的な考えを法令・基本通達から学び、実務的な問題点などは、判決・裁決から探るという内容にしています。なぜ、判決や裁決を取り上げるかというと、これらは実際に発生している問題だからです。実際に起こったことは、他の企業で同じ問題に遭遇するということもあります。また、これらの判断内容は、法令、通達の解釈を知る上で大事なものです。そのため、本書では、できるだけ多くの、そして最近の判決、裁決を取り上げています。

この書籍を通して、多くの企業の減価償却における処理がスムーズに行えるよう、その一助となることを願っております。

最後に、本書の企画及び執筆に際し、温かいご助言をいただきました、税務経理協会の中村氏に感謝申し上げます。

令和2年7月

草間　典子

Contents

はじめに

第Ⅰ章　減価償却資産の取得時の税務

1　減価償却資産の範囲　*2*
（1）減価償却資産と非減価償却資産　*3*
（2）耐用年数省令別表による減価償却資産の区分　*4*
（3）少額減価償却資産の取扱い　*5*
（4）法人税法上のリース取引　*7*
（5）裁判例・裁決例などからみる
　　誤りやすい減価償却資産の区分　*9*

2　減価償却資産の償却方法　*17*
（1）資産の区分ごとの償却方法　*17*
（2）具体的な償却限度額の計算方法　*20*
（3）事業年度の中途で資産を取得した場合　*22*
（4）事業年度が１年に満たない場合　*22*
（5）耐用年数を短縮する場合　*24*
（6）特別償却と税額控除　*27*

3　減価償却資産の償却単位　*30*
（1）減価償却資産の償却単位　*30*
（2）裁判例・裁決例などからみる
　　誤りやすい減価償却資産の償却単位　*32*

4　減価償却資産の取得価額　*37*
（1）取得価額に含まれる費用　*37*
（2）法人税基本通達からみる実務上の留意点　*38*
（3）裁判例・裁決例などからみる
　　誤りやすい減価償却資産の取得価額　*44*
（4）建物の取壊しに係る２つの通達の違いについて　*48*
（5）売買契約書に資産ごとの
　　取得価額の記載がない場合の按分方法　*49*

（6） 消費税法上の留意点　53
（7） 圧縮記帳を受けた場合　55

5　減価償却資産の取得時期　58
（1） 減価償却資産の取得時期　58
（2） 不動産の取得にみる消費税法上の注意点　60
（3） 裁判例・裁決例などからみる
誤りやすい減価償却資産の取得時期　61

6　中古資産を取得した場合　67
（1） 耐用年数の見積方法　67
（2） 耐用年数の見積時期　70
（3） 法人成りによる取得の場合　70
（4） 裁判例・裁決例などからみる
誤りやすい中古資産の処理　73

7　申告時の留意点　78
（1） 減価償却費の損金経理要件　78
（2） 租税特別措置法等の規定を適用する場合の
当初申告要件と適用額の制限　80
（3） 別表記載からみる申告時の留意点　82
（4） 固定資産台帳における建物等の償却方法のチェックポイント　89

8　高額な資産を取得した場合　90
（1） 調整対象固定資産を取得した場合　90
（2） 高額特定資産を取得した場合　92

第Ⅱ章　減価償却資産の保有時の税務

1　資本的支出と修繕費　96
（1） 資本的支出と修繕費の例示と判断基準　97
（2） 裁判例・裁決例などからみる
資産別の資本的支出と修繕費の区分　101
（3） 資本的支出を行った場合の減価償却費の計算　115
（4） 資本的支出に伴い既存の資産を除却した場合　117

2　償却資産税の申告　*118*
（1）　償却資産の申告時の留意点　*119*
（2）　裁判例からみる
誤りやすい償却資産税事例　*121*

第Ⅲ章　減価償却資産の処分時の税務

1　減価償却資産の除却損　*126*
（1）　原則的取扱い　*126*
（2）　一括償却資産を除却した場合　*126*
（3）　総合償却資産の除却損　*127*
（4）　ソフトウエアの除却損　*128*
（5）　電話加入権の除却損　*128*

2　有姿除却の要件　*130*
（1）　裁判例からみる有姿除却の要件　*131*

3　減価償却資産の売却　*133*
（1）　原則的取扱い　*133*
（2）　譲渡収入の計上時期　*134*
（3）　消費税法上の取扱い　*135*

【凡　例】

本文中で使用している主な法令等の略語は、次のとおりです。

略語表記	法令及び通達等
法法	法人税法
法令	法人税法施行令
法基通	法人税基本通達
消法	消費税法
消令	消費税法施行令
消基通	消費税法基本通達
措法	租税特別措置法
措令	租税特別措置法施行令
耐令	減価償却資産の耐用年数等に関する省令
耐通	耐用年数の適用等に関する取扱通達

第 I 章

減価償却資産の取得時の税務

減価償却資産とは、時の経過によりその価値が減少していく資産のことです。

代表的なものとしては、建物や機械及び装置、車両及び運搬具、工具、器具及び備品などがあります。

減価償却資産は、その減少していく価値を減価償却という方法により計算していきます。

本章ではその減価償却の計算に必要となる、資産の区分、取得価額、償却方法、法定耐用年数について取り上げます。

1

減価償却資産の範囲

減価償却資産を取得した場合、最初に資産を区分することから始めます。

減価償却計算を始める前に、まず資産を区分することから始めます。資産の区分が、実は一番難しいのです。まずは、その資産が時の経過とともに価値が減っていく資産なのかで分けます。次に価値が減少する資産であれば、その資産の特性から有形減価償却資産・無形固定資産・生物に分けていきます。分けることが終わったら、その資産の区分に応じて別表に定められている耐用年数に応じた償却率を使用して、減価償却（償却限度額）計算をしていきます。

一方で、資産のうち、その取得金額が少額であるなどの理由により、耐用年数に応じた償却率を使用した減価償却計算でなく、その取得した事業年度に一度に損金の額に算入することや３年間で償却するなどの有利な計算ができるものもあります。

また、リース取引のように、自分が購入した資産でなく、他人から借りている資産であっても、一定の要件に当てはまると、自分が取得した資産として減価償却するものもあります。

資産を正しく区分することが、まずは、減価償却資産を取得した際の第一歩です。

具体的な資産の区分の勘所は、裁判例で確認します。

＜資産の区分＞

- 減価償却資産
  - 有形減価償却資産
  - 無形固定資産
  - 生物
- 非減価償却資産
- リース資産
  - ファイナンスリース取引
    - 所有権移転外リース資産
    - 所有権移転リース資産
  - オペレーションリース取引

（１）減価償却資産と非減価償却資産

法人税法では、固定資産を、土地（土地の上に存する権利を含む）や電話加入権などの時の経過により減価しない非減価償却資産と、建物などの時の経過とともに価値が減っていく減価償却資産に分けています（法法２二十二）。

また、時の経過とともに価値が減っていく減価償却資産は、その減っていく価値を、一定の方法により計算し、それを各事業年度の所得を計算する際に、損金の額に算入していきます。これを減価償却と呼んでいます。

減価償却資産は次頁のように、①有形減価償却資産、②無形固定資産、③生物に分けることができます。ただし、棚卸資産、有価証券及び繰延資産や事業の用に供していないものは除かれています（法令13）。

〈減価償却資産の範囲〉

区分	資産の種類	
有形減価償却資産	建物、建物附属設備	
	構築物	
	機械及び装置	
	船舶	
	航空機	
	車両及び運搬具	
	工具、器具及び備品	
無形固定資産	鉱業権	育成者権
	漁業権	公共施設等運営権
	ダム使用権	営業権
	水利権	専用側線利用権
	特許権	鉄道軌道連絡通行施設利用権
	実用新案権	電気ガス供給施設利用権
	意匠権	水道施設利用権
	商標権	工業用水道施設利用権
	ソフトウエア	電気通信施設利用権
生物	牛、馬、豚、綿羊及びやぎ	
	かんきつ樹、りんご樹など	
	茶樹、オリーブ樹など	

（2）耐用年数省令別表による減価償却資産の区分

上記により、減価償却資産を有形減価償却資産、無形固定資産、生物に分類したら、これら資産の耐用年数を導き出すために、更に資産を区分していきます。具体的には、減価償却資産の耐用年数等に関する省令別表（以下「耐用年数省令別表」という）をみて、資産を区分し、そこに示されている耐用年数や償却率を使用して減価償却をしていきます。

資産を区分するための耐用年数省令別表には、別表第１から第６まであります。

〈資産の区分と適用される耐用年数省令別表〉

資産の区分	耐用年数省令別表
建物	別表第１（機械及び装置以外の有形減価償却資産の耐用年数表）
建物附属設備	
構築物	
船舶	
航空機	
車両及び運搬具	
工具	
器具及び備品	
機械及び装置	別表第２
無形減価償却資産	別表第３
生物	別表第４
公害防止用減価償却資産	別表第５
開発研究用減価償却資産	別表第６

それぞれの耐用年数省令別表を見るといくつか違いがあることがわかります。別表第１と第３から第６までは、資産の構造又は用途、資産の種類により例示が掲げられており、それを基に区分していくことになりますが、別表第２の「機械及び装置」だけは、「○○業用設備」という区分になっています。これは、「機械及び装置」については、個々の資産ごとに耐用年数を適用するわけではなく、その一の工程やひとつのラインとしての設備をひとまとめにして、一の耐用年数を適用するためです。また、この場合には、その設備がどれに該当するかは、その設備の最終的な製品により判断します（耐通１－４－３）。

（3）少額減価償却資産の取扱い

①　少額減価償却資産の範囲

使用可能期間が１年未満と短い資産や取得価額が少額である資産については、次頁のように、取得価額の全額を、又は３年間で取得価額を損金の額に算入することができます。

〈資産の取得価額と損金算入方法〉

取得価額	損金算入方法
使用可能期間が１年未満	事業供用年度に取得価額全額を損金の額に算入
取得価額が１０万円未満	
取得価額が３０万円未満で中小企業特例適用あり（*）	
取得価額が２０万円未満（一括償却資産）	３年間で損金の額に算入

（*）青色申告法人のみ適用。取得価額の合計が３００万円に達するまでが限度。

取得価額が20万円未満の一括償却資産については、法人税法施行令133条の2に「方法を選定したときは」と規定されており、法人が任意で選択することができます（法令133の2①）。

なお、この場合の10万円未満であるか20万円未満であるかの判断は、法人が適用している消費税の経理処理方式に応じた価額により判定します（「消費税法等の施行に伴う法人税の取扱いについて」９）。法人が税込経理方式を採用している場合には税込価額で、税抜経理方式を採用している場合には、税抜価額が10万円未満か、20万円未満であるかにより判断することになります。

②　中小企業特例（中小企業者等の少額減価償却資産の取得価額の損金算入の特例）

中小企業特例とは、青色申告書を提出する中小企業者又は農業協同組合等が、平成18年４月１日から令和４年３月31日までの間に取得（製作、建設を含む）をし、事業の用に供した取得価額が30万円未満である減価償却資産を、その事業の用に供した事業年度に損金経理をしたときは、その取得価額に相当する金額をその事業年度の損金の額に算入するという規定です（措法67の５①）。つまり、１台25万円の中古自動車を購入し、事業の用に供した場合には、事業の用に供した事業年度に、25万円全額を減価償却費として計上できるということです。ただし、一事業年度に取得した資産の取得価額の合計額が300万円を超えるときは、300万円に達するまでの減価償却資産の取得価額の合計額を限度とします。この場合の300万円とは、取得価額の積上げ金額の合計額で判断します。例えば、１台28万円の資産を11台購入した場合（購入総額308

万円）には、10台分（合計額280万円）が限度になります。

また、事業年度が１年に満たない場合には、300万円を12で除し、これにその事業年度の月数を乗じて計算した金額が限度となります。

この適用を受けるためには、確定申告書等に明細書の添付が必要となる点に注意が必要です（措法67の５③）。なお、この規定の適用を受けることができる対象法人は、常時使用する従業員の数が500人以下の法人（措令39の28①）とされています。令和２年度税制改正により、この規定の適用を受けることができる法人から連結法人が除外されました。

（4）法人税法上のリース取引

①　リースの種類

法人が、平成20年４月１日以後に締結するリース取引のうち、下記の要件の全てを満たすものは、そのリース資産を賃貸人から賃借人への引渡しがあった際に、そのリース資産の売買があったものとされます（法法64の２①）。

ア　その賃貸借に係る契約が、賃貸借期間の中途においてその解除をすることができないものであること又はこれに準ずるものであること

イ　賃貸借に係る賃借人がその賃貸借に係る資産からもたらされる経済的な利益を実質的に享受することができ、かつ、資産の使用に伴って生ずる費用を実質的に負担すべきこととされているものであること

上記**イ**にいう「資産の使用に伴って生ずる費用を実質的に負担すべきこととされているものであること」とは、リース期間（契約の解除をすることができないものとされている期間）において賃借人が支払うリース料の額の合計額がその資産の取得のために通常要する価額のおおむね90％相当額を超える場合のことです（法令131の２②）。

このように、売買があったものとされるリース取引のことを「ファイナンスリース取引」といいます。

一方、リース取引のうち、上記の２つの要件を満たさない（例えば、契約解

除の要件がないなど）ものは、「オペレーションリース取引」といいます。

②　リース取引の種類に応じた処理

リース取引は、ファイナンスリース取引とオペレーションリース取引に分けられますが、それぞれ税務上は処理が違います。

（ア）　ファイナンスリース取引

ファイナンスリース取引の場合、賃借人は、売買により資産を取得したものと同じように、そのリース資産を自己の資産として、下記のリース取引の区分に応じて償却します。

ファイナンスリース取引のうち所有権移転外リース取引に該当する資産については、上記（3）の少額減価償却資産の損金算入（法令133）や一括償却資産の損金算入（法令133の２）の規定の適用はありません。

なお、賃借人がリース料の額をリース料として処理（損金経理）しているときには、そのリース料の額は償却費として損金経理をした金額に含まれます。

(a) 所有権移転外リース取引（*） リース期間定額法 (b) 上記以外のリース取引 資産の種類に応じてその法人が選定している償却方法

なお、消費税の処理についてですが、売買のようにその資産を取得した場合とリース料の額を賃貸借処理（損金経理）する場合では違います。

所有権移転外リース取引の場合では、そのリース資産の引渡しを受けた時に資産の譲渡があったとして、その取得した事業年度において課税仕入れを行いますが（「一括控除」という、消基通５－１－９（１））、リース料の額を賃借人が賃貸借処理（損金経理）している場合には、その支払うべき日の属する課税期間における課税仕入れとする処理（「分割控除」という）することも認められています（国税庁ホームページ 質疑応答事例より）。

（*）所有権移転外リース取引とは、平成20年４月１日以後に締結された法人税法上のリース取引のうち、次の４項目のいずれにも該当しないものです（法令48の２⑤五）。

イ　リース期間終了の時又はリース期間の中途において、そのリース取引に係る契約において定められているリース取引の目的とされている資産が無償又は名目的な対価の額でリース取引に係る賃借人に譲渡されるものであること

ロ　そのリース取引に係る賃借人に対し、リース期間終了の時又はリース期間の中途において目的資産を著しく有利な価額で買い取る権利が与えられているものであること

ハ　目的資産の種類、用途、設置の状況等に照らし、その目的資産がその使用可能期間中リース取引に係る賃借人にのみ使用されると見込まれるものであること又は目的資産の識別が困難であると認められるものであること

ニ　リース期間が目的資産の減価償却資産の耐用年数、償却率等に規定する財務省令で定める耐用年数に比して相当短いもの（そのリース取引に係る賃借人の法人税の負担を著しく軽減することになると認められるものに限る）であること

（イ）　オペレーションリース取引

オペレーションリース取引は、通常の賃貸借取引のことです。この場合は、支払うリース料をその支払った事業年度の損金の額に算入します。つまり、減価償却等のことは考えないことになります。

（５）裁判例・裁決例などからみる誤りやすい減価償却資産の区分

ここでは、減価償却資産の区分の誤りやすい事例として、①少額減価償却資産に該当するか、②耐用年数省令別表に例示がある資産についての考え方、③減価する資産かしない資産なのかを具体的な裁判例や通達を基にみていきます。

①　少額減価償却資産であるか

（３）①で少額減価償却資産について触れました。少額減価償却資産に該当すると、取得価額の全額を、又は３年間で減価償却費を損金の額に算入することができます。そのためには、何が少額減価償却資産に該当するのかということを理解する必要があります。

平成17年５月13日東京地裁判決は、ＮＴＴドコモ事件ともいわれています。

＜裁判例・裁決例などからみるポイント＞

少額減価償却資産に該当するか否かを判断するに当たっては、その企業の事業活動において、一般的・客観的に、資産としての機能を発揮することができる単位を基準にその取得価額を判断すべきである。

（平成17年５月13日東京地裁（一部取消し等）（税務訴訟資料255号順号10022））

取得価額が10万円未満又は20万円未満であるかどうかは、通常１単位として取引されるその単位、例えば、機械及び装置については１台又は１基ごとに、工具、器具及び備品については１個、１組又は１そろいごとに判定する。

（法人税基本通達７－１－11）

原告であるＮ社が、Ｂ社が行っていたＰＨＳ事業に関する全ての営業を譲り受けた際に、Ｂ社が保有していた基地局回線（エントランス回線）を１回線７万2,800円、15万3,178回線（総額111億5,135万8,400円）を取得し、これらを「無形固定資産（施設利用権）」として経理したのち、平成11年３月期の決算において、その全額を「施設保全費」として損金経理した事案です。

課税庁側は、営業譲渡契約におけるこれら資産の購入代価の全額が、資産の取得価額であると主張していましたが、東京地裁は次のように判断をして、少額減価償却資産として認め、その全額を損金の額に算入することができるとしています。

【平成17年５月13日東京地裁の判断の主要な論点】

- 少額減価償却資産に該当するか否かを判断するに当たっては、その企業の事業活動において、一般的・客観的に、資産としての機能を発揮することができる単位を基準にその取得価額を判断すべきであって、業務の性質上基本的に重要であったり、事業の開始や拡張のために取得したものであったり、多数まとめて取得したものであるなどといったことは、取得価額を判断する上で考慮されるべき点ではないというべきである。
- 本件エントランス回線利用権は、Ｂ社又は原告の事業活動において、一般的・客観的には、1回線で、基地局とPHS接続装置との間の相互接続を行うという機能を発揮することができるものであるから、その取得価額は、B社の場合も、これをまとめて同社から譲り受けた原告の場合も、エントランス回線1回線の単価である7万2,800円であると認めるのが相当である。

【実務上の留意点】

少額減価償却資産に該当するかどうかは、法人税基本通達7－1－11のように通常1単位として取引される場合には、その単位、つまり、その法人の事業活動において資産としての機能を発揮することができる単位ごとに価額を判定します。

業務の性質上基本的に重要であるとか、多数まとめて取得したなどの理由は、その判断の際には、影響されないことになります。

②「機械及び装置」・「器具及び備品」の区分

耐用年数省令別表第1で、「器具及び備品」は、資産の例示がされています。ただ、資産の例示がされている資産について、単純にその耐用年数を使用してしまっても大丈夫なのでしょうか。

<裁判例・裁決例などからみるポイント>

通常は「器具及び備品」に当たるとされる資産も、一定の設置使用状況等の下では「機械及び装置」に当たることもあり得る。

（平成30年3月14日大阪地裁（棄却）（税務訴訟資料268号順号13135））

平成30年3月14日大阪地裁は、パンなどを製造していたA社が工場や店舗に併設していた工房で使用されていた冷蔵庫、冷凍庫及び生地保管庫、洗浄乾燥機などが「器具及び備品」に該当するか「機械及び装置」かが争われた事例です。

A社は、これらの資産は、耐用年数省令別表第1の「器具及び備品」に例示として掲げられているので、「器具及び備品」に該当すると主張していました。

大阪地裁は、次のように判断し、これら資産は、「機械及び装置」に該当するとしました。その上で、工場で使用されていた資産については、耐用年数省令別表第２に掲げる「食料品製造業用設備」に、店舗に併設していた工房で使用されていた資産については、別表第２に掲げる「飲食料品小売業用設備」に該当すると判断しています。

【平成30年３月14日大阪地裁の判断の主要な論点】

・　「機械及び装置」とは、製品の生産・製造又は役務の提供を目的として、１つの機器が単体で、又は２つ以上の機器が有機的に結合することにより１つの設備を構成する有形資産である。
・　その資産が、有機的に結合することにより１つの設備を構成するものか否かについては、当該資産の用途、機能、実際の設置使用状況等に基づいて判断する。
・　したがって、通常は「器具及び備品」に当たるとされる資産も、一定の設置使用状況等の下では「機械及び装置」に当たることもあり得る。
・　これら資産は、有機的に結合し一体となって大量のパン等を反復的継続的に製造しているものということができるから、「機械及び装置」に該当する。

【実務上の留意点】

実務的には、非常に難しいところです。耐用年数省令別表に例示がされている資産は多いです。単純に考えれば、例示されているのだから、その資産区分になるだろうと考えがちです。この事例も、「器具及び備品」に例示されている資産でした。

しかし、大阪地裁の判断のように、耐用年数省令別表に例示されているからといって、そこに記載されている耐用年数を単純に使用するのではなく、その資産が、どこにどのように設置され、どう使用されているのか（資産の用途、機能、設置使用状況等）を基に判断することが大切だということを示しています。

そのためには、資産の取得時に、請求書など書類だけで減価償却資産の区分を判断するのではなく、実際にその設置状況を目で見て確かめることが必要でしょう。

③　冷房設備は「建物附属設備」となるのか「器具及び備品」となるのか

天つり式の冷暖房設備など建物本体に付着している場合には、「建物附属設備」に該当するのでしょうか、それとも耐用年数省令別表第１に例示されている「器具及び備品」に該当するのでしょうか。

<裁判例・裁決例などからみるポイント>

請求人は本件冷房用資産を簡易に取外しが可能な状態で使用していることが認められ、また、本件冷房用資産は、単体の冷房用機器の集合体とみるのが相当であり、器具及び備品として耐用年数を適用し計算するのが相当であると認められる。

（平成12年２月25日非公開裁決（全部取消し）ＴＡＩＮＳ：F0-2-078）

冷却装置、冷風装置等が一つのキャビネットに組み合わされたパッケージドタイプのエアーコンディショナーであっても、ダクトを通じて相当広範囲にわたって冷房するものは、「器具及び備品」に掲げる「冷房用機器」に該当せず、「建物附属設備」の冷房設備に該当することに留意する。

（耐用年数の適用等に関する取扱通達２－２－４（１））

平成12年２月25日非公開裁決では、審査請求人が、大学の食堂ホールで使用している天つり式の冷房設備について、原処分庁が、本件資産にはダクトがあるとして、耐用年数の適用等に関する取扱通達２－２－４（１）の規定を適用し、「建物附属設備」に該当するとして法人税の更正処分をした事案です。その後、異議審理庁により本件ダクトは、冷媒配管の屋外を通る部分を隠すための化粧用ダクトであり冷風を通すためのものではないことが確認されましたが、原処分庁は、①７組の各冷房設備が相互に結合して１つの設備として機能している、②大学会館の建物本体に固着しているとの新たな理由を追加して更正処分を維持していました。

国税不服審判所は、下記のように、「器具及び備品」に該当すると判断をして、納税者の主張を認めて処分を全て取り消しています。

【平成12年２月25日国税不服審判所の判断の主要な論点】

・　請求人は本件冷房用資産を簡易に取外しが可能な状態で使用していることが認められ、また、本件冷房用資産は、単体の冷房用機器の集合体とみるのが相当であり、これらが設置された建物内全体又は食堂ホール内全体を相当広範囲にわたって冷房するものであるとは認められない。
・　冷房用資産の機種、形状、機能並びに設置及び使用の状況等の客観的事実により本件冷房用資産の属性について総合的に判断すれば、本件冷房用資産は、建物と一体となって建物の効用価値を高めるものとは認められないことから、建物附属設備には該当せず、器具及び備品として計算するのが相当であると認められる。

【実務上の留意点】

耐用年数の適用等に関する取扱通達２－２－４（１）により、冷暖房設備が、「建物附属設備」に該当するためには、「ダクトを通じて相当広範囲にわたって冷房するもの」ということが判断基準となります。今回の原処分庁のように、ダクトがあるからと単純に「建物附属設備」と判断せず、その冷暖房設備は簡単に取外しができるのか、建物全体を冷房するものなのかなど総合的に判断する必要があります。

④　減価する資産なのか～美術品等について～

減価償却資産とは、「時の経過によりその価値が減少する資産」をいいます。一方、美術品等は、その資産の性質から非減価償却資産として取り扱うのでしょうか。

＜裁判例・裁決例などからみるポイント＞

次に掲げる美術品等は「時の経過によりその価値の減少しない資産」と取り扱う。

（1）古美術品、古文書、出土品、遺物等のように歴史的価値又は希少価値を有し、代替性のないもの

（2）上記以外の美術品等で、取得価額が１点100万円以上であるもの（時の経過によりその価値が減少することが明らかなものを除く）

（法人税基本通達７－１－１）

美術品等（絵画や彫刻等の美術品のほか工芸品を含む）については、平成26年12月に通達が改正され、平成27年１月１日以後取得する美術品等について、上記の２点に該当するものについては、減価償却資産として取り扱わないとされました。

一方、上記に該当しない美術品等については、減価償却をすることができ、中小企業者等が取得した場合には、租税特別措置法67条の５（中小企業者等の少額減価償却資産の取得価額の損金算入の特例）の規定を適用することもできる経過的取扱いが設けられています。

また、法人税基本通達７－１－１（２）にある、時の経過によりその価値が減少することが明らかなものとは、例えば、会館のロビーや葬祭場のホールのように不特定多数の者が利用する場所で装飾用や展示用（有料で公開するものを除く）のために取得されるもののうち、移設することが困難でその用途にのみ使用されることが明らかなものであり、かつ、他の用途に転用すると仮定した場合に、設置状況や使用状況から見て美術品等としての市場価値が見込まれないものであることが該当します。これは、不特定多数の人が出入りする場所で置かれている場合には、ある程度の損耗があるからだと思います。ただ、これらは、あくまでも例示ですので、最終的には、これらを参考に設置や使用実態などを踏まえて判断することになります。

なお、法定耐用年数の適用に当たっては、それぞれの美術品等の構造や材質等に応じて、耐用年数省令別表第１に掲げる区分に従って判定することとなり

ます。例えば室内装飾品に当たる場合には、耐用年数省令別表第１の「器具及び備品」の室内装飾品として、金属製の彫刻などは、「主として金属製のもの」として耐用年数15年を、絵画などは、「その他のもの」として耐用年数８年を適用します。

【実務上の留意点】

美術品等は取得価額で100万円未満であれば、減価償却することができます。100万円以上であっても、不特定多数の者が利用する場所などで展示されている場合には、減価償却資産として取り扱うことができる可能性があり、その資産の設置や使用実態などを踏まえて判断することになります。

2

減価償却資産の償却方法

複数の償却方法が認められている場合には、届出書を提出することにより償却方法を選択することができますが、届出書を提出しない場合には、法定償却方法となります。

資産を取得し、その資産を区分することが終わったら、次は減価償却（償却限度額）の計算になります。まずは、償却方法を確認しましょう。

（1）資産の区分ごとの償却方法

各事業年度の所得の金額の計算上、減価償却費として損金の額に算入する金額は、その内国法人がその事業年度において償却費として損金経理をした金額のうち、償却限度額に達するまでの金額とされています（法法31①）。

償却限度額の計算方法については、現在取得した資産に対して適用できる方法として、定額法、定率法、生産高比例法、リース期間定額法の４つがあります。その減価償却資産ごとに償却方法が決まっている場合（「法定償却方法」という）がありますが、複数の償却方法が認められている場合には、「減価償却資産の償却方法の届出書」を期日までに納税地の所轄税務署長に提出することにより、償却方法を選ぶことができます（法令51②）。

また、現在取得した資産に対する償却方法は４つですが、その資産の取得時期により、旧定率法、旧定額法などの償却方法があります。それぞれの具体的な計算方法は、（2）で説明しますが、次頁に資産の取得時期に応じて選択できる償却方法を一覧表にまとめました。

〈資産の取得時期別にみる償却方法（法令48、法令48の2、法令53)〉

＊償却方法の後ろに（法）と書いているものは、法定償却方法となります。

資産の種類		取得時期				
		平成10年3月31日以前取得	平成10年4月1日から平成19年3月31日取得	平成19年4月1日から平成24年3月31日取得	平成24年4月1日から平成28年3月31日取得	平成28年4月1日以後取得
建物		・旧定率法（法） ・旧定額法	・旧定額法（法）	・定額法（法）		
建物附属設備		・旧定率法（法） ・旧定額法		・250%定率法（法） ・定額法	・200%定率法（法） ・定額法	・定額法（法）
構築物						
機械装置						・200%定率法（法） ・定額法
船舶						
車両運搬具						
工具器具備品						
無形固定資産と生物		・旧定額法（法）		・定額法（法）		
鉱業用減価償却資産	建物、建物附属設備、構築物	・旧生産高比例法（法） ・旧定率法 ・旧定額法		・生産高比例法（法） ・250%定率法 ・定額法	・生産高比例法（法） ・200%定率法 ・定額法	・生産高比例法（法） ・定額法
	上記以外のもの					・生産高比例法（法） ・200%定率法 ・定額法
鉱業権		・旧生産高比例法（法） ・旧定額法		・生産高比例法（法） ・定額法		
リース資産（平成20年4月1日以後締結された所有権移転外リース取引）		-		・リース期間定額法		

①　法定償却方法以外の償却方法を選択したい場合には

法定償却方法以外の償却方法を選択する場合には、「減価償却資産の償却方法の届出書」を提出する必要があります（法令51②)。

この届出書には、提出期限がありますので、それぞれの期限までに、納税地の所轄税務署長あてに提出する必要があります。期限は、下記の区分に応じて決められています。

① 普通法人を設立した場合……設立第1期の確定申告書の提出期限まで
② 公益法人等及び人格のない社団等が新たに収益事業を開始した場合……新たに収益事業を開始した日の属する事業年度の確定申告書の提出期限まで
③ 設立後既に償却方法を選定している減価償却資産以外の資産を取得した場合……その減価償却資産の取得をした日の属する事業年度の確定申告書の提出期限まで（仮決算の中間申告書を提出する場合は、その中間申告書の提出期限）
④ 新たに事業所を設けた法人で、その事業所の減価償却資産を、既に採用している償却方法と異なる償却方法を選定しようとする場合や事業所ごとに異なった償却方法を採用している場合……新たに事業所を設けた日の属する事業年度の確定申告書の提出期限まで（仮決算の中間申告書を提出する場合は、その中間申告書の提出期限）
⑤ 新たに船舶を取得した法人で、その船舶について既に選定している償却の方法と異なる償却の方法を選定しようとする場合や船舶ごとに異なる償却の方法を選定している場合……新たに船舶を取得した日の属する事業年度の確定申告書の提出期限まで（仮決算の中間申告書を提出するときは、その中間申告書の提出期限）

なお、これらの規定において、確定申告書の提出期限の延長の特例の規定（提出期限が１月延長する旨）の承認を受けている法人における「確定申告書の提出期限」とは、延長された提出期限となります（国税庁ホームページ　質疑応答事例より）。

② 減価償却方法を変更したい場合

減価償却方法を変更したい場合には、「減価償却資産の償却方法の変更承認申請書」を新たな償却方法を採用しようとする事業年度開始の日の前日までに、納税地の所轄税務署長に提出する必要があります（法令52②）。

ただし、この申請書を提出する場合には、留意点があります。この申請の対象者は、「現によっている償却方法を採用してから相当期間経過し、減価償却資産の償却方法を変更しようとする法人等」となっています。ここでいう「相当期間経過し」とは、法人税基本通達７－２－４に「その現によっている償却の方法を採用してから３年を経過していないときは、……」と規定されています。つまり３年経過しないと申請書は提出できません。

この通達では「一旦採用した減価償却資産の償却の方法は特別の事情がない限り継続して適用すべきものであるから……」や注書きで「その変更承認申請書の提出がその現によっている償却の方法を採用してから３年を経過した後になされた場合であっても、その変更することについて合理的な理由がないと認められるときは、その変更を承認しないことができる」ともあり、３年経過すれば、自由に変更できるものとはなっておらず、変更する合理的理由が必要となっています。

（２）具体的な償却限度額の計算方法

ここから、それぞれの償却限度額の計算方法を確認していきます。

①　旧定額法（平成19年３月31日以前に取得した場合）

旧定額法の特徴は、償却費の額が原則として、毎期同じとなります。なお、現在では、残存価額は、１円まで償却することができます。

償却限度額＝取得価額　×　90％　×　旧定額法の償却率

②　定額法（平成19年４月１日以後に取得した場合）

定額法の特徴は、償却費の額が原則として、毎期同じとなります。なお、現在では、残存価額は、１円まで償却することができます。

償却限度額＝取得価額　×　定額法の償却率

旧定額法と定額法の計算方法の違いは、取得価額に0.9を乗じるか乗じないかです。

ただし、それぞれの償却率は違っています。償却率は、旧定額法の場合は、耐用年数省令別表第７を、定額法の場合は別表第８に記載されています。

③　旧定率法（平成19年３月31日以前に取得した場合）

旧定率法の特徴は、償却費の額は、償却し初めの事業年度の方が多く、年々償却額が減少していきます。

償却限度額	＝	未償却残高（取得価額－損金の額に算入した償却累計額）	×	旧定率法の償却率

④　定率法（250%定率法、200%定率法）

定率法の特徴は、償却費の額は、償却し初めの事業年度の方が多く、年々償却額が減少していきます。なお、定率法の償却率により計算した償却額が「償却保証額（資産の取得価額にその資産の耐用年数に応じた保証率を乗じて計算した金額)」に満たなくなった年分以後は、毎期同額となります。

償却限度額	＝	未償却残高（取得価額－損金の額に算入した償却累計額）	×	定率法の償却率

（＊）償却保証額に満たなくなった年分以後は、次の算式での計算となる。
改定取得価額×改定償却率

250％定率法とは、定額法の償却率の原則2.5倍に設定した償却率により償却限度額を求めるものです。具体的には、耐用年数省令別表第９の償却率を適用します。

一方、200％定率法とは、定額法の償却率を2.0倍した償却率により償却限度額を求めるものです。具体的には、耐用年数省令別表第10の償却率を適用します。

耐用年数表をみると、250％定率法の償却率の方が大きくなっています。

⑤　旧生産高比例法と生産高比例法

（旧）生産高比例法とは、下記の算式により求めるものです。

旧生産高比例法の償却限度額	＝	{（取得価額－残存価額）÷（その資産の属する鉱区の採掘予定数量）}	×	その事業年度のその鉱区の採掘数量

生産高比例法の償却限度額	＝	（取得価額÷その資産の属する鉱区の採掘予定数量）	×	その事業年度のその鉱区の採掘数量

⑥　リース期間定額法

リース期間定額法とは、平成20年４月１日以後に締結された所有権移転外リース取引に適用される償却方法です（法令48の２①六）。

所有権移転外リース資産の償却限度額	＝	{（取得価額－残価保証額）÷リース期間の月数}	×	その事業年度におけるリース期間の月数

（3）事業年度の中途で資産を取得した場合

事業年度の中途で資産を取得した場合には、上記（2）の区分により計算された償却限度額を月数按分します（法令59①一）。

償却限度額	＝	その資産につき上記（2）により計算したその事業年度の償却限度額に相当する金額	×	事業の用に供した日から事業年度終了の日までの期間の月数／その事業年度の月数

（4）事業年度が１年に満たない場合

事業年度が１年に満たない場合には、別表に記載の償却率ではなく、次の区分に応じて改定された償却率を使用しますので、注意が必要です。

①　平成19年３月31日以前に取得した資産で旧定額法を採用の場合（耐令４②、③）

その減価償却 資産の償却率	＝	その減価償却資産の耐用年数 に対応する旧定額法の償却率	×	その事業年度の 月数	÷	12

（１月に満たない端数を生じたときは、これを１月とします）

②　平成19年３月31日以前に取得した資産で旧定率法を採用の場合（耐令４②、③）

その減価償却資 産の耐用年数	×	12	÷	その事業年度の 月数	＝	その減価償却資産の 改訂後の耐用年数（＊）

（１月に満たない端数を生じたときは、これを１月とします）

（＊）改訂後の耐用年数に対応する旧定率法の償却率によります。

③　平成19年４月１日以後に取得した資産で定額法を採用の場合（耐令5②、⑤）

その減価償却 資産の償却率	＝	その減価償却資産の耐用年数 に対応する定額法の償却率	×	その事業年度の 月数	÷	12

（１月に満たない端数を生じたときは、これを１月とします）

④　平成19年４月１日以後に取得した資産で定率法を採用の場合（耐令5②、⑤）

その減価償却 資産の償却率	＝	その減価償却資産の耐用年数 に対応する定率法の償却率	×	その事業年度の 月数	÷	12

（１月に満たない端数を生じたときは、これを１月とします）

（5）耐用年数を短縮する場合

①　耐用年数の短縮が認められる事由

耐用年数省令別表には、それぞれの資産に応じた法定耐用年数が定められています。これら法定耐用年数は、原則として通常考えられる維持補修を加える場合において、その固定資産の本来の用途用法により現に通常予定される効果を挙げることができる年数とされています（平成11年８月27日公表裁決（棄却)、裁決事例集第58集161頁)。

このように「通常」予定されている維持補修により使用される資産であれば、法定耐用年数を使用するのは合理的ではありますが、「通常」予定されていないような使用等の場合には、耐用年数を短縮することも認められています。

耐用年数の短縮が認められる要件としては、この規定を受けようとする減価償却資産について、次に掲げる事由のうちいずれかが発生している必要があります。下記のいずれかに該当する場合で、納税地の所轄国税局長の承認を受けたときは、その承認を受けた日の属する事業年度以後の償却限度額の計算について、その承認に係る未経過使用可能期間を耐用年数とみなして、減価償却計算をすることができます（法令57①)。

（耐用年数の短縮が認められる事由）

一　その資産の材質又は製作方法がこれと種類及び構造を同じくする他の減価償却資産の通常の材質又は製作方法と著しく異なることにより、その使用可能期間が法定耐用年数に比して著しく短いこと。

二　その資産の存する地盤が隆起し、又は沈下したことにより、その使用可能期間が法定耐用年数に比して著しく短いこととなったこと。

三　その資産が陳腐化したことにより、その使用可能期間が法定耐用年数に比して著しく短いこととなったこと。

四　その資産がその使用される場所の状況に基因して著しく腐食したことにより、その使用可能期間が法定耐用年数に比して著しく短いこととなったこと。

五　その資産が通常の修理又は手入れをしなかったことに基因して著しく損耗したことにより、その使用可能期間が法定耐用年数に比して著しく短いこととなったこと。

六　一から五に掲げる事由以外の事由で財務省令で定めるものにより、その資産の使用可能期間が法定耐用年数に比して著しく短いこと又は短いこととなったこと。
（＊）「その使用可能期間が法定耐用年数に比して著しく短いこと」とは、法定耐用年数に比べておおむね10％以上使用可能期間が短い年数となったことをいいます（法基通７－３－18）。

②　耐用年数の短縮を受ける場合

耐用年数の短縮を受けようとする場合には、「耐用年数の短縮の承認申請書」に所定の事項を記載の上、納税地の所轄税務署長を経由して、納税地の所轄国税局長に提出します。その際には、下記の書類の添付も必要になります。

（ア）「承認を受けようとする使用可能期間及び未経過使用可能期間の算定の明細書」
（イ）申請資産の取得価額が確認できる資料（例：請求書等）
（ウ）個々の資産の内容及び使用可能期間が確認できる資料（例：見積書、仕様書等）
（エ）申請資産の状況が明らかとなる資料（例：写真、カタログ、設計図等）
（オ）申請資産がリース物件の場合、貸与を受けている者の用途等が確認できる書類（例：リース契約書の写し、納品書の写し）

提出期限に特に定めはありませんが、承認を受けた日の属する事業年度から、承認を受けた耐用年数を使用して減価償却計算ができます。

国税局長は、上記の耐用年数を短縮する旨の申請書の提出があった場合には、遅滞なく、これを審査し、その申請に係る減価償却資産の使用可能期間及び未経過使用可能期間を認め、若しくはその使用可能期間及び未経過使用可能期間を定めて承認又はその申請を却下することになります（法令57③）。

③　耐用年数の短縮承認申請に係る裁決例

耐用年数の短縮が認められる事由については、法人税法施行令に記載されている６項目があります。ここからは、実際に耐用年数の短縮承認申請をした事例の裁決例をみていきます。

＜裁判例・裁決例などからみるポイント＞

個別の減価償却資産の材質、製作方法、使用場所等が著しく異なる等の事由で、その使用可能期間が法定耐用年数に比して著しく短くなったような場合等でも、法定耐用年数を用いて償却限度額を計算させることは、その使用可能期間に応じた減価償却費の適正な期間配分を歪め、かえって課税の公平を欠くことになることから、法人税法施行令57条は、限定列挙した事由により、その資産の使用可能期間が法定耐用年数より著しく短いこととなった場合には、その減価償却資産の使用可能期間を申請して所轄国税局長の承認を受けることで、当該使用可能期間を法定耐用年数とすることができる旨規定したと考えられる。

（平成16年10月22日公表裁決（棄却）裁決事例集第68集125頁）

これは、自転車駐車場整備運営事業を営む法人が、その自転車駐車場設備のうち、支柱付き鉄骨屋根について、耐用年数の短縮承認申請を行った事案です。納税者は、Ｅ社と共にＰ市との間で、自転車駐車場整備運営事業に関する事業契約を締結し、その契約に基づき自転車駐車場設備の建設、運営及び維持管理を行っていました。Ｐ市との契約書には、契約期間は約10年で契約終了後には、Ｐ市に対し本件各施設を無償譲渡し又は解体撤去して更地にした上で事業用地を返還するとありました。そのため、納税者は、法定耐用年数は45年であるが、契約により使用可能期間は10年が相当であるとして、耐用年数の短縮承認申請を行いました。

【平成16年10月22日国税不服審判所の判断の主要な論点】

・　法人税法施行令57条１項の使用可能期間とは、その減価償却資産の現状において、今後、通常の使用方法により使用した場合に、通常の効果を維持して使用可能と認められる効用持続を意味しているのであり、法人税法施行令57条１項に掲げる事由は、いずれもその減価償却資産の使用可能期間が法定耐用年数よりも物理的ないしは客観的に短いこととなった事由が現に発生しているような場合に限られているものと認められる。したがって、使用者において、使用可能な期間が法定耐用年数より短いとしても、当該事由はその減価償却資産自体の本質に影響を与えるものではなく、耐用年数の短縮事由には該当しないと解するのが相当である。

・　本件申請書には耐用年数の短縮を求める事由として、①公共性が極めて高い本件事業に供する資産であり、また②本件契約は更新の定めがなく、契約期間満了時に、無償譲渡又は解体撤去することは確実であることが記載されている。しかし、本件申請書に記載された事由は、請求人自身の事情により、請求人において本件鉄骨屋根の使用できる期間に制限があることを示すに留まり、本件鉄骨屋根は現にその設置環境及びそれ自体に構造、用途等の変化が生じ、物理的、客観的に使用可能期間が短くなったという状況を意味していないから、当該事由が耐用年数を短縮すべき事由のいずれにも該当しない。

【実務上の留意点】

「使用可能期間」とありますので、実際に使用する期間と思われがちですが、裁決文で記載されているとおり、「その設置環境及びそれ自体に構造、用途等の変化が生じ、物理的、客観的に使用可能期間が短くなったという状況」という意味なので、その点に留意する必要があります。

その他、建物の耐用年数の短縮承認申請を行った事案では、「耐用年数の短縮を主張するのであれば、その個別的、特殊的条件を反映させるために、科学的な実験の結果又は過去の経験に基づく資料により見込耐用年数を算定すべきである」として、申請却下の処分は適法であるとの判断がなされたものもあります（平成11年８月27日公表裁決（棄却）裁決事例集第58集161頁）。

（6）特別償却と税額控除

租税特別措置法では、景気対策や政策のため一定の事由に該当する場合に特別償却や税額控除といった優遇措置を設けています。特別償却とは通常の減価償却額とは別に減価償却資産の取得価額の30％相当額などの特別償却ができるものです。一方、税額控除とは、特別償却に代え、取得価額の７％などを法人税額から控除することができるものです。

これらは、重複して適用はできず、納税者が有利な方法を選択できます。また、あくまでも政策として設けられたものですので、税制改正などにより、要件が変わったり、制度自体がなくなったりすることもあるため、常にどのような資産の取得にどういう優遇措置が設けられているのか注視する必要があります。この租税特別措置法で設けられている制度の中で、中小企業投資促進税制（中小企業者等が機械等を取得した場合の特別償却又は税額控除）を取り上げます。

①　制度の概要

青色申告書を提出する法人（中小企業者又は農業協同組合等）で、平成10年6月1日から令和3年3月31日までの期間（指定期間）内に、次に掲げる減価償却資産（特定機械装置等）でその製作の後事業の用に供されたことのないものを取得し、又は特定機械装置等を製作して、これを国内にあるその中小企業者等の営む製造業、建設業その他政令で定める事業の用に供した場合には、その事業の用に供した日を含む事業年度の日の特定機械装置等の償却限度額は、特定機械装置等の普通償却限度額と特別償却限度額（特定機械装置等の取得価額の30％に相当する金額）との合計額となります（措法42の6①)。

なお、上記の特別償却の規定に代え、供用年度の所得に対する調整前法人税額からその事業の用に供した特定機械装置等の基準取得価額の合計額の7％に相当する金額を税額控除することもできます。この場合において、特定中小企業者等の供用年度における税額控除限度額は、調整前法人税額の20％に相当する金額を超えるときは、20％に相当する金額が限度となります（措法42の6②)。

対象となるのは、次の減価償却資産です（措法42の6①、措令27の6④)。

⑴　機械及び装置　1台又は1基の取得価額が160万円以上のもの

⑵　工具　1台又は1基の取得価額が120万円以上のもの（製品の品質管理の向上等に資するものとして財務省令で定めるものに限る）

⑶　ソフトウエア　一のソフトウエアの取得価額が70万円以上のもの

⑷　車両及び運搬具（貨物の運送の用に供される自動車で輸送の効率化等に資するものとして財務省令で定めるものに限る）

なお、ここでいう中小企業者とは、資本金の額若しくは出資金の額が１億円以下の法人のうち次に掲げる法人以外の法人又は資本若しくは出資を有しない法人のうち常時使用する従業員の数が1000人以下の法人となります（措令27の６①）。

⑴　その発行済株式又は出資の総数又は総額の２分の１以上が同一の大規模法人の所有に属している法人

⑵　前号に掲げるもののほか、その発行済株式又は出資の総数又は総額の３分の２以上が大規模法人の所有に属している法人

②　制度の適用を受けるには

これらの規定の適用を受けるには、確定申告書等に特定機械装置等の償却限度額の計算に関する明細書の添付がある場合に限り、適用されます（措法42の６⑦）。

なお､これら措置法の規定の適用を受ける際に留意する点については､7（2）に記載していますので、参照ください。

3

減価償却資産の償却単位

減価償却資産には、個別と、合わせて償却するという、2つの償却単位があります。

償却単位とは、まさに、償却を行う単位のことです。「機械及び装置」や「構築物」のように、個々の資産が一体となって事業の用に供されているものは、総合償却資産として、総合して一の耐用年数を使用して償却します。

総合償却資産以外でも、複数の減価償却資産が合わさっている場合に、個々の資産ごとに減価償却をするのか、それとも一体とみるのか。この判断基準について、具体的な裁判例等でみていきます。

（1）減価償却資産の償却単位

①　総合償却資産と個別償却資産

減価償却資産には、総合償却資産と個別償却資産があります。

総合償却資産とは、「機械及び装置」と「構築物」のことで、個々の資産の全部を総合して一の耐用年数によって償却することが定められているものです(耐通１－５－８カッコ書き)。一方、個々の資産ごとに耐用年数を定め、減価償却するものを個別償却資産といいます。

＜総合償却資産と個別償却資産＞

減価償却資産
- 総合償却資産（機械及び装置、構築物）
- 個別償却資産（上記以外）

個別償却資産は、その資産ごとに減価償却していくものですので、なじみが深いかと思いますが、総合償却資産は、個々の資産の全部を総合して償却していくものです。

例えば、ビール工場のビール製造ラインで使用されている「機械及び装置」は、総合償却資産に該当します。様々な機械から製造ラインは構成されていますが、これらをひとつひとつ抜き出して個別の耐用年数を設定して減価償却をするのは、実態に合っていないため、これを一体として一の耐用年数を使用して償却していきます。その特徴は、耐用年数表にも表れています。「機械及び装置」の耐用年数表である別表第２は、設備の種類を「○○業用設備」という括りにしています。工場の中の「○○業用」に使用されている「機械及び装置」は、一体として一の耐用年数で償却するということです。この「○○業用」とは、その法人が、その設備を使って生産等される最終製品により判断することになっています（耐通１－４－３）。この別表第２の区分は、原則として、日本標準産業分類の分類によっています（耐通１－４－３）。

②　少額の減価償却資産並びに一括償却資産の償却単位

少額の減価償却資産（法令133）並びに一括償却資産（法令133の２）の規定を適用する場合において、法人税基本通達７－１－11では、「取得価額が10万円未満又は20万円未満であるかどうかは、通常１単位として取引されるその単位、例えば、機械及び装置については１台又は１基ごとに、工具、器具及び備品については１個、１組又は１そろいごとに判定し、構築物のうち例えば枕木、電柱等単体では機能を発揮できないものについては一の工事等ごとに判定する」としています。これについては、判例で法令解釈がされています。平成16年２月４日さいたま地裁（平成14年（行ウ）第12号、税務訴訟資料254号順号9549）は、「物品については基本的に普通の一般取引において用いられる取引単位ごとに判定すべきこと、しかし構築物のうち例えば枕木や電柱等のように、（取引単位としては１本ごとに算定される場合もあろうが）単体では予定される機能を発揮できないと認められるものについては例外的に一の工事等ごとに判定する」としています。つまり、枕木等の例外的なものを除き、原則として、取引単位ごとの判断となります。

この法人税基本通達７－１－11の「単体では機能を発揮できないもの」の解釈の例示として、法人税基本通達逐条解説（佐藤友一郎編著「法人税基本通達逐条解説」九訂版 566頁）では「高級レストランのカーテン、役員会議室の調度品等のように、二以上の器具、備品が一定の色調、デザイン等により統一的にレイアウトされ、全体として一の空間を演出するように設置されるものも、同じく単体で少額資産かどうかを判断するのは適当でなく、そのレイアウトされた一の空間ごとにその判断を行うことになる」としています。

具体的には、どのような資産で、どのような判断がなされているのでしょうか。具体的裁判例をみていきます。

（２）裁判例・裁決例などからみる
誤りやすい減価償却資産の償却単位

①　防犯用ビデオカメラ

＜裁判例・裁決例などからみるポイント＞

少額減価償却資産の制度は、それを耐用期間にわたり原価配分することにより期間損益の算定が適正化する必要があるほどの重要な金額でなく、実務上減価償却資産として扱う実質的意味がないとの企業会計上の慣行に由来しているものであるから、その制度の趣旨からすれば、少額減価償却資産に該当するかどうかは、テレビやビデオなどの普通の家庭用商品については、特段の事情がない限り、１品ごとの通常の取引価額により判定すれば足りるというべきである。

（平成16年2月4日さいたま地裁（一部取消し）（税務訴訟資料254号順号9549））

（１）で紹介した平成16年２月４日さいたま地裁は、衣料品販売のチェーンストアを経営する原告が、店舗の防犯のために、防犯用カメラ等を購入して、法人税法施行令133条の少額減価償却資産に該当するとして損金の額に算入したところ、課税庁より更正処分等を受けたものです。防犯用ビデオカメラ等は、カメラ、コントローラー、ビデオ、テレビ、接続ケーブルで構成され、その取得価額は、それぞれ10万円以下でした。原告は、営業店舗ごとに、コントローラー、テレビ、ビデオをそれぞれ１台とビデオカメラ４台以上を設置しています。

課税庁は、減価償却資産の償却費の計算を行う際の償却単位は、資産の具体的な購入目的、用途、使用状況に基づいて行われなければならず、防犯用ビデオカメラ等については、これを一体として１つの償却単位として捉えると、少額減価償却資産に該当しないと主張していました。

さいたま地裁は、まず法人税基本通達７－１－11の解釈を掲げ、それに当てはめ、処分の一部を取り消す判断をしています。

【平成16年２月４日さいたま地裁の判断の主要な論点】

- 同通達の前段によれば、20万円未満の少額資産であるかどうかは、物品については基本的に普通の一般取引において用いられる取引単位である１個、１組または１そろいごとに判定すべきとされていることは明らかで、まくら木や電柱は取引単位としては普通１本毎であるが、単体での機能が発揮できないから、（例外的に）一の工事場等のまとまりの価額により判定するとの趣旨と理解すべきことは明らかである。
- 本件防犯用ビデオカメラ等は全体として監視目的のため一体的に用いられているといっても、常に一体として一つの償却資産と扱うことは必ずしも合理的とはいえず、カメラ、ビデオ、テレビは一つ一つを器具備品として取り扱っても差し支えないというべきである。
- テレビやビデオの取得価額は１台当たり１万5,000円から２万8,400円程度と認められるから、これらは取得価額20万円未満の減価償却資産に当たるというべきである。
- しかし、監視カメラ、コントローラー、ケーブルについては、原告は平成９年から既存店舗及び新規店舗全部について監視カメラを設置し始め、１店舗ごとにカメラ４、５台、コントローラー１台をセットとして購入、設置されたと認められ、これらの設置の経緯や監視カメラの使用状況等からみて監視カメラ等についてはその取得価額は設置された各店舗ごとの単位で判定するのが相当である。
・　平成９年２月取得分を除いては（これらはテレビ、ビデオを除いたその他の価額は18万円。）その合計価額は20万円以上となることが認められるから、平成９年２月取得分はいわゆる少額減価償却資産に該当するが、それ以外の部分については少額減価償却資産に該当しないと解するのが相当である。

【実務上の留意点】

この裁判では、テレビとビデオは１台当たりの取得価額により少額減価償却資産としましたが、監視カメラとコントローラー及びケーブルは、セットとして設置された店舗単位で判断すべきとしました。

実務的には、原則として、物品については取引単位ごとで判断していきます。必ずしも、購入目的（さいたま地裁の事例であれば、監視目的）ごとに判断することは要しませんが、防犯用カメラの事例の、カメラとコントローラー、ケーブルなどのように、設置の経緯や使用状況に応じた判断必要となります。

②　太陽光発電設備を囲むフェンスが一体か否か

減価償却資産の償却単位については、設置の経緯や使用状況に応じた判断が必要となります。安全のため設置が義務付けられている太陽光発電設備を囲むフェンスのようなものは、太陽光発電設備と一体として償却するのでしょうか。

＜裁判例・裁決例などからみるポイント＞

発電システム本体とフェンス等は、物理的にも機能的にも一体とはいえないから、別個の減価償却資産であると認められる。

（平成30年6月19日公表裁決（一部取消し）裁決事例集№111 TAINS：J111-3-12）

売電事業を行う３月決算法人である請求人が、発電所の建設工事（発電設備に係る太陽光電池モジュール群、パワーコンディショナー及びキュービクル受変電設備を電線ケーブルで連結した発電システム本体と発電所を囲むフェンス及び門扉）を依頼し、その工事が平成28年３月28日までに完了し、請求人は、同日、その引渡しを受けました。しかし、系統連系のための工事は、翌期の平成28年９月28日に行われています。

請求人は、平成28年３月期の確定申告書に、本件発電システム本体及びフェンス等は、いずれも特定生産性向上設備等に該当するとした明細書を添付し、申告した事例です。

課税庁は、本件フェンスは発電システム本体と一体として取得したもので、これらは平成28年３月期には取得していないと主張していました。

国税不服審判所は、それぞれは、一体でなく別個の減価償却資産であり、フェンスは、平成28年３月期内に事業の用に供したとして、処分を一部取り消す判断をしました。

【平成30年６月19日国税不服審判所の判断の主要な論点】

- 本件発電システム本体とフェンス等は、それぞれが発電所を構成する減価償却資産であるところ、本件発電システム本体は、太陽光電池モジュール群、パワーコンディショナー、受変電設備の各機械装置が電線ケーブルによって物理的に連結され、それらが一体となって、発電、変電及び送電といった売電のために必要な機能を発揮するのに対し、本件フェンス等は、発電システム本体から物理的に独立した構築物であり、発電、変電及び送電といった機能はなく、発電システム本体と一体となって売電のための機能を果たすものでもない。
- 発電システム本体が高圧の機械装置であって、法令により安全上適切な措置を講ずることが義務付けられ、第三者による感電等の事故、発電システム本体の盗難や毀損を避ける必要性がある機械装置であることからすると、本件フェンス等は、外部からの侵入等を防止することにより発電システム本体を保護することをその属性に従ってその目的のために設置され、使用されたと認められる。
- そうすると、本件発電システム本体とフェンス等は、物理的にも機能的にも一体とはいえないから、別個の減価償却資産であると認められる。本件フェンス等は、引渡日から、その属性に従ってその本来の目的のために使用を開始されたと認めるのが相当であり、請求人は、本件フェンス等を本件事業年度内に事業の用に供したと認められる。

【実務上の留意点】

減価償却資産の償却単位については、設置の経緯や使用状況に応じた判断が必要になりますが、この事例では物理的、機能的に一体であるかどうかにより判断をしています。さいたま地裁の防犯用カメラの事例もカメラとコントローラー、ケーブルはセットで判断されました。ケーブルだけでは、その機能は果たせないと考えると納得できます。

このように、償却単位は、一体なのかどうかという判断が必要になります。

まとめると、減価償却資産には、総合償却資産と個別償却資産があり、特に総合償却資産となる「機械及び装置」と「構築物」については、留意が必要です。個別償却資産となるものであっても、少額の減価償却資産と一括償却資産の償却単位については、原則として、取引単位ごとの判断となりますが、個別機器の性質、性能、想定される使用の実態などを考慮する必要があります。

4

減価償却資産の取得価額

減価償却計算の基となる取得価額に、何が含まれるのか、何を含めなくてもよいのかを明確にすることが必要です。

減価償却計算の基となる取得価額の範囲です。取得価額に含めるもの、含めないことが認められているものがあります。含めないことが認められている費用は、そのまま損金の額に算入した方が有利となります。

また、複数の資産を購入した場合で、資産ごとの取得価額が契約書などに明記されていない場合や、消費税法上の取扱いについても取り上げます。

（1）取得価額に含まれる費用

法人税法施行令54条では、減価償却資産の区分に応じた取得価額が記載されています。

取得価額は、それぞれの資産の区分に応じたAの価額にその資産を事業の用に供するために直接要した費用の額を加えた価額となります。

取得価額　＝　A　＋　その資産を事業の用に供するために直接要した費用の額

①　購入した減価償却資産の場合のA

その資産の購入の代価（引取運賃、荷役費、運送保険料、購入手数料、関税（附帯税を除く）その他その資産の購入のために要した費用がある場合には、その費用の額を加算した金額）

②　自己が建設、製作又は製造した減価償却資産の場合のA

その資産の建設等のために要した原材料費、労務費及び経費の額

③　自己が成育させた生物の場合（牛、馬、豚、綿羊及びやぎ）のA

その牛馬等に係る購入の代価、種付費及び出産費の額並びに成育のために要した飼料費、労務費及び経費の額

④　自己が成熟させた果樹の場合（かんきつ樹、りんご樹、茶樹、オリーブ樹など）のA

その果樹等の購入の代価又は種苗費の額並びに肥料費、労務費及び経費の額

⑤　上記①～④以外の方法により取得をした減価償却資産のA

その取得の時におけるその資産の取得のために通常要する価額

（2）法人税基本通達からみる実務上の留意点

①　取得価額に算入しないことができる費用

法人税基本通達7－3－1から7－3－7までが、取得に伴う費用が取得価額に算入されるのかどうかについて規定したものです。ここでの特徴は、語尾が「できる」となっているものと「する」となっているものに分けられるということです。「できる」となっているものは、取得価額に算入するのか損金の額に算入するのかを法人の任意の選択に委ねられているということになりますので、有利な方法を選択することができます。

これら通達により、両者を分けると次のようになっています。

〈取得価額に算入することができる費用と算入しないことができる費用〉

通達番号	通達のタイトル	内容	留意事項
7－3－1の2	借入金の利子	固定資産を取得するために借り入れた借入金の利子の額は、その固定資産の使用開始前の期間に係るものであっても、これを固定資産の取得価額に算入しないことができます。	借入金の利子の額を建設中の固定資産に係る建設仮勘定に含めたときは、固定資産の取得価額に算入されたこととなり、その後固定資産勘定に振り替えた際に、損金の額に算入することはできません。
7－3－2	割賦購入資産等の取得価額に算入しないことができる利息相当部分	割賦販売契約（延払条件付譲渡契約を含む）によって購入した場合には、契約において購入代価と割賦期間分の利息及び売手側の代金回収のための費用等に相当する金額とが明らかに区分されている場合には、その利息及び費用相当額を取得価額に含めないことができます。	
7－3－3の2	固定資産の取得価額に算入しないことができる費用の例示	固定資産の取得に関連して支出する費用のうち、次のものは、取得価額に算入しないことができます。 （1）租税公課等 イ　不動産取得税又は自動車取得税 ロ　特別土地保有税のうち土地の取得に対して課されるもの ハ　新増設に係る事業所税 ニ　登録免許税その他登記又は登録のために要する費用 （2）建物の建設等のために行った調査、測量、設計、基礎工事等でその建設計画を変更したことにより不要となったものに係る費用の額 （3）一旦締結した固定資産の取得に関する契約を解除して他の固定資産を取得することとした場合に支出する違約金の額	
7－3－4	土地についてした防壁、石垣積み等の費用	埋立て、地盛り、地ならし、切土、防壁工事その他土地の造成又は改良のための費用は、その土地の取得価額に算入します。しかし、土地に対する防壁、石垣積み等であっても、その規模、構造等からみて土地と区分して構築物とすることが適当と認められるものの費用の額は、土地の取得価額に算入しないで、構築物の取得価額とすることができます。上水道又は下水道の工事に要した費用の額についても、同様の扱いになります。 （注）専ら建物、構築物等の建設のために行う地質調査、地盤強化、地盛り、特殊な切土等土地の改良のためのものでない工事に要した費用の額は、その建物、構築物等の取得価額に算入します。	埋立て、地盛り、地ならしなどの費用は、土地の取得価額に算入しますが、規模・構造等からみて、構築物とするのが適当なものは、構築物の取得価額に算入することができます。注書きでは、地質調査などの費用は、建物や構築物の建設を目的として行われることから、これらの取得価額に算入します。

〈取得価額に算入するとなっている費用〉

通達番号	通達のタイトル	内容	留意事項
7－3－1	高価買入資産の取得価額	不当に高価で買い入れた固定資産について、その買入価額のうち実質的に贈与をしたものと認められた金額がある場合には、買入価額からその贈与したものと認められた金額を控除した金額が取得価額になります。	実質的に贈与したと認められる金額については、寄附金（法法37）に、また、譲渡者が法人の役員の場合には、給与となります（法基通9－2－9）。
7－3－3	固定資産の取得に関連して支出する地方公共団体に対する寄附等	都道府県又は市町村から工場誘致等により土地その他の固定資産を取得し、購入の代価のほかに、その取得に関連して都道府県若しくは市町村又はこれらの指定する公共団体等に寄附金又は負担金の名義で金銭を支出した場合において、その支出した金額が実質的にみてその資産の代価を構成すべきものと認められるときは、その支出した金額はその資産の取得価額に算入します。	例えば、寄附金を支出することを条件として著しく低い価額で土地を購入できた場合などは、指定寄附金としての処理ではなく、取得価額に算入することになります。
7－3－5	土地、建物等の取得に際して支払う立退料等	土地、建物等の取得に際し、その土地、建物等の使用者などに支払う立退料その他立退きのために要した金額は、その土地、建物等の取得価額に算入します。	
7－3－6	土地とともに取得した建物等の取壊費等	土地（借地権を含む）を建物等とともに取得した場合又は自己の有する土地の上に存する借地人の建物等を取得した場合において、その取得後おおむね1年以内にその建物等の取壊しに着手するなど、当初からその建物等を取り壊して土地を利用する目的であることが明らかであると認められるときは、その建物等の取壊しの時における帳簿価額及び取壊費用の合計額（廃材等の処分によって得た金額がある場合は、その金額を控除した金額）は、その土地の取得価額に算入します。	「目的が明らか」かどうかの基準は、法人の土地建物の取得目的、取得金額、土地の更地としての相場価格、建物の建築年数・現況・老朽度や利用価値、建物の取壊時期や取壊目的等の資料を総合し、客観的に判断されるべきと判決で判断されています。 詳しくは、（3）②参照。
7－3－7	事後的に支出する費用	新工場の落成、操業開始等に伴って支出する記念費用等のように減価償却資産の取得後に生ずる付随費用の額は、その減価償却資産の取得価額に算入しないことができるものとするが、工場、ビル、マンション等の建設に伴って支出する住民対策費、公害補償費等の費用の額で当初からその支出が予定されているもの（毎年支出することとなる補償金を除く）については、たとえその支出が建設後に行われるものであっても、その減価償却資産の取得価額に算入する。	〈取得価額に算入しないことができる〉 資産の取得後に生ずる付随費用（新工場の落成、操業開始等に伴って支出する記念費用） 〈取得価額に算入する〉 建設後に行われる支出であっても、建設に伴って支出する住民対策費、公害補償費等の費用の額で当初からその支出が予定されているもの（毎年支出することとなる補償金を除く）

ここでは､通達に例示されている取得価額に算入しないことができる費用(法基通７－３－３の２）をみていきます。

固定資産の取得に際し支出する費用のうち、次の３つについては、取得価額に算入しないことができるとされています。つまり、支出する費用を支出時の損金の額に算入することができるということになり、法人が有利な方を選択することができます。

（ア）租税公課等の額
　イ　不動産取得税又は自動車取得税
　ロ　特別土地保有税のうち土地の取得に対して課されるもの
　ハ　新増設に係る事業所税
　ニ　登録免許税その他登記又は登録のために要する費用
（イ）建物の建設等のために行った調査、測量、設計、基礎工事等でその建設計画を変更したことにより不要となったものに係る費用の額
（ウ）一旦締結した固定資産の取得に関する契約を解除して他の固定資産を取得することとした場合に支出する違約金の額

租税公課については、一種の事後費用（佐藤友一郎編著「法人税基本通達逐条解説」九訂版 583頁）と考えられているために取得価額に算入しないことができるとされています。**（イ）**は、建物の建設等のために行った調査、測量、設計、基礎工事等は本来取得価額に含めるものですが､「建設計画を変更」したことによる旧計画の費用は、損金の額に算入することができます。しかし、あくまでも「建設計画を変更」によるものですので、注意が必要です。**（ウ）**については、契約解除した固定資産と新たに取得することとなった固定資産とは別個のものであるために、損金の額に算入することが認められています。

②　資産別にみる取得価額に算入する費用

次に資産別に取得価額に算入する費用について法人税基本通達をみていきます。これらは、法人税基本通達７－３－８から７－３－17の３に規定されています。ここでは、その中からソフトウエアに関するものと車両に関するものをみていきます。車両については、基本通達には規定はありませんが、実務的

には一番よく出てくる事例です。

(ア) ソフトウエアに関するもの

ソフトウエアは、自己が製作したものと他者から購入したものに分けられます。それにより、取得価額に算入される範囲が違ってきます。

(ⅰ) 自己が製作したもの

自己の製作したソフトウエアの取得価額は、そのソフトウエアの製作のために要した原材料費、労務費及び経費の額並びにそのソフトウエアを事業の用に供するために直接要した費用の額の合計額となります(法基通7－3－15の2)。

この場合、その取得価額については適正な原価計算に基づき算定しますが、法人が、原価の集計、配賦等につき合理的であると認められる方法により継続して計算している場合には、その方法が認められます(法基通7－3－15の2)。

なお、次の費用は、取得価額に算入しないことができます(法基通7－3－15の3)。

・　自己の製作に係るソフトウエアの製作計画の変更等により、いわゆる仕損じがあったため不要となったことが明らかなものに係る費用の額
・　研究開発費の額(自社利用のソフトウエアについては、その利用により将来の収益獲得又は費用削減にならないことが明らかなものに限る)
・　製作等のために要した間接費、付随費用等で、その費用の額の合計額が少額(その製作原価のおおむね3%以内の金額)であるもの

(ⅱ) 他者から購入したもの

そのソフトウエアの購入の代価(引取運賃、荷役費、運送保険料、購入手数料、関税(附帯税を除く)その他その資産の購入のために要した費用がある場合には、その費用の額を加算した金額)と事業の用に供するために直接要した費用の額の合計額となります(法令54①一)。なお、購入したソフトウエアの導入に当たって必要とされる設定作業及び自社の仕様に合わせるために行う付随的な修正作業等の費用の額は、そのソフトウエアの取得価額に

算入することになります（国税庁ホームページ タックスアンサー№5461）。

（イ）車両に関するもの

車両を購入した場合には、車両本体の価額の他に様々な経費がかかります。具体的にどの費用が取得価額に算入され、算入しないのかみていきます。

〈車両購入の費用の取扱い〉

費用の内容		取扱い
車両本体		取得価額に算入する
カーナビゲーション		取得価額に算入する
自動車税		取得価額に算入しないことができる
自賠責保険料		取得価額に算入しないことができる
重量税		取得価額に算入しないことができる
登録・検査印紙		取得価額に算入しないことができる
リサイクル料	シュレッダーダスト料金	取得価額に算入しないが、リサイクル預託金として資産計上し、減価償却はしません
	エアバック類料金	
	フロン類料金	
	情報管理料金	
	資金管理料	取得価額に算入しません

自動車税等は、法人税基本通達７－３－３の２により取得価額に算入しないことができます。リサイクル料については、取得価額でなく、リサイクル預託金として資産計上し、減価償却はしません。また、リサイクル料のうち、資金管理料については、「リサイクル預託金」をセンターで管理するために必要な費用であり、支払い時に損金の額に算入されますので、取得価額には算入しません。

③　値引きがあった場合の取得価額の計算

固定資産に値引き、割戻し、割引があった場合には、その値引きがあった日の属する事業年度に下記の算式により計算した金額を帳簿価額より減額することができます（法基通７－３－17の２）。

$$\text{値引き等の額} \times \frac{\text{値引き等の直前のその固定資産の帳簿価額}}{\text{値引き等の直前のその固定資産の取得価額}}$$

（3）裁判例・裁決例などからみる誤りやすい減価償却資産の取得価額

今までみてきたように、法人税基本通達では取得価額に算入するもの、算入しないことができるものの例示がなされています。ここでは、例示されていない費用として未経過固定資産税相当額の取扱いと法人税基本通達７－３－６の建物の取り壊し費用の中で「当初からその建物等を取り壊して土地を利用する目的であることが明らかであると認められるとき」の判断基準について、実際の裁判例などからみていきます。

①　未経過固定資産税相当額の取扱い

土地建物を売買により取得した際に、売主との話し合いで、固定資産税相当額を日割計算して支払う場合があります。法人税基本通達７－３－３の２では、取得価額に算入しないことができる租税公課に、固定資産税についての記載がありません。どのように取り扱うのでしょうか。

＜裁判例・裁決例などからみるポイント＞

年の途中で固定資産の売買契約を締結するに際し、買主が売主に対し、売主が納税義務を負担する固定資産税等の税額のうち売買契約による所有権移転等の後の期間の部分に相当する金額（固定資産税等日割分）を支払う旨の合意をしたとしても、その合意に基づく買主の支払は、固定資産税等そのものではないことが明らかであり、実質的には、売買契約に基づく不動産の「購入の代価」の一部を成すもの等と解するのが相当である。

（平成27年10月５日長崎地裁（棄却）（税務訴訟資料265号順号12731））

この事案は、原告が土地建物を売買により取得した際に、売主とその年の固定資産税及び都市計画税の税額のうち日割計算による未経過分に相当する金額を支払うことを合意しました。原告は、売主に支払った固定資産税等の精算金を損金の額に算入して確定申告を行ったところ、課税庁から本件精算金は土地建物の取得価額に含まれるなどとして、法人税の更正処分等を受けたものです。

長崎地裁は、地方税法上、固定資産税等は1月1日を基準として年ごとに課税されるものであって、所有期間に対応して課税されるものではないとして、本件のような合意に基づく買主への支払いは、固定資産税等そのものではないと判断しています。

【平成27年10月5日長崎地裁の判断の主要な論点】

・　地方税法上、固定資産税等は、1月1日を基準として年ごとに課税されるものであって、所有期間に対応して課税されるものではなく、賦課期日後に売買等により所有者の変動が生じたとしても、新たな所有者（買主）に当該年度の固定資産税等が課税されることはないし、旧所有者（売主）に当該年度の固定資産税等が返還されることもない。

・　したがって、本件売買契約のように、年の途中で固定資産の売買契約を締結するに際し、買主が売主に対し、売主が納税義務を負担する固定資産税等の税額のうち売買契約による所有権移転等の後の期間の部分に相当する金額（固定資産税等日割分）を支払う旨の合意をしたとしても、その合意に基づく買主の支払いは、固定資産税等に係る買主の納税義務に基づくものではなく、固定資産税等そのものではないことが明らかである。

・　本件売買契約において、本件精算金の支払いを怠った場合にも売主が売買契約を解除することができる旨が定められていることも考慮すれば、本件精算金は、実質的には、売買契約に基づく不動産の「購入の代価」の一部を成すものと解するのが相当である。

【実務上の留意点】

固定資産税という名目での支払いではあるが、固定資産税そのものではなく、売買に伴い支出した金額であるため、取得価額に算入することになります。これは、不動産売買に限らず、車両運搬具などの売買の際に、自動車税などを精算した場合も同様です。

なお、このような未経過固定資産税相当額の消費税法上の取扱いについては、消費税法基本通達10－１－６により「固定資産税、自動車税等の課税の対象となる資産の譲渡に伴い、当該資産に対して課された固定資産税等について譲渡の時において未経過分がある場合で、その未経過分に相当する金額を当該資産の譲渡について収受する金額とは別に収受している場合であっても、当該未経過分に相当する金額は当該資産の譲渡の金額に含まれるのであるから留意する」とされており、建物に係る未経過固定資産税相当額は、課税の対象となります。

②　取得後建物を取り壊した場合の取壊費用

法人税基本通達７－３－６では、土地と共に取得した建物の取壊費用について、「取得後おおむね１年以内」に「建物等を取り壊して土地を利用する目的であることが明らかである」場合には、その建物等の帳簿価額や取壊費用を土地の取得価額に算入するとしています。「明らかである」とは、そもそもどのように判断するのでしょうか。

<裁判例・裁決例などからみるポイント>

- 法人が建物等の存する土地を取得したときに、「当初からその建物等を取り壊して土地を利用する目的であることが明らか」といえるかどうかについては、法人の土地建物の取得目的、取得金額、土地の更地としての相場価格、建物の建築年数・現況・老朽度や利用価値、建物の取壊時期や取壊目的等の資料を総合し、客観的に判断されるべきである。
- なお、その判断の基準時は、「土地を建物等とともに取得した」ときであるが、一般には「取得」とは「所有権取得」と解するのが相当であるから、所有権を取得した日と認められる時期が基準となる。

（平成18年9月27日さいたま地裁（棄却）（税務訴訟資料256号順号10516））

Ｂ社は、平成14年10月Ｃ社より土地建物を買い受けました。その後、同年

12月に建物を解体し、解体工事費として1,783万円を支払い、これを雑損失に計上したところ、課税庁より建物の取壊費用及び建物の除却金額は、土地の取得価額に算入すべきであるとして法人税の更正処分等を受けた事案です。

Ｂ社は、本件建物を改修して、新工場として使用する目的で取得したが、新工場として使用するには、多額の費用を支出して、改修工事を行わなければならないことが判明したため、その後、やむなく建物を取り壊し、新建物を建築することにしたと主張していました。

しかし、さいたま地裁は、法人税基本通達７－３－６の判断基準と、その判断時期について示し、Ｂ社の目的は、最初から土地の確保にあったとして、処分は適法であったとしています。

【平成18年９月27日さいたま地裁の判断の主要な論点】

- 法人が建物等の存する土地を取得したときに、「当初からその建物等を取り壊して土地を利用する目的であることが明らか」といえるかどうかについては、法人の土地建物の取得目的、取得金額、土地の更地としての相場価格、建物の建築年数・現況・老朽度や利用価値、建物の取壊時期や取壊目的等の資料を総合し、客観的に判断されるべきである。
- なお、その判断の基準時は、「土地を建物等とともに取得した」ときであるが、一般には「取得」とは「所有権取得」と解するのが相当であるから、所有権を取得した日と認められる時期が基準となると解せられる。
- 原告は、平成14年10月８日の売買契約の時点においては、本件建物を利用する意向であったが、一方において、建物を取り壊すことも視野に入れていたと認められる。
- そうすると、本件建物の帳簿価額や取壊費用は、損金として算入するのは相当ではなく、土地の取得費用に算入するのが合理的である。

【実務上の留意点】

通達にいう「当初からその建物等を取り壊して土地を利用する目的であることが明らかであると認められるとき」とは、その建物を取得するに至る経緯、取得時の建物の状態（建物の建築年数・現況・老朽度や利用価値）、建物の取壊時期や取壊目的などを総合勘案して判断し、またその判断の基準時は、建物等とともに土地を取得したときとされます。

なお、通達では、「その取得後おおむね１年以内に当該建物等の取壊しに着手する等」と定めていますが、取得後１年以上経過（売買契約から約１年１か月）してから建物を取り壊した事例でも、建物の取壊しの時の帳簿価額と取壊費用は、土地の取得価額に算入されると判断された裁決（平成30年６月１日非公開裁決（棄却）　ＴＡＩＮＳ：F0-2-835）もあります。

（4）建物の取壊しに係る２つの通達の違いについて

法人税基本通達７－７－１では、「法人がその有する建物、構築物等でまだ使用に耐え得るものを取り壊し新たにこれに代わる建物、構築物等を取得した場合には、その取り壊した資産の取壊し直前の帳簿価額（取り壊した時における廃材等の見積額を除く）は、その取り壊した日の属する事業年度の損金の額に算入する」と規定しています。

この法人税基本通達７－７－１と同７－３－６の違いはどこにあるのでしょうか。先ほど紹介した平成18年のさいたま地裁では、その違いについて下記のように示しました。

「『旧建物の取壊し→新建物の取得』に止まる場合（通達７－７－１）は、旧建物の取壊しは一般に新建物の価値の増加につながるものではないから、取り壊した旧建物の帳簿価額の損金算入を認めるのに対し、法人が『建物等の存する土地を建物等とともに取得したが、間もなく建物取壊しに着手する等当初からその建物等を取り壊して土地を利用する目的であることが明らかであると認められる』場合（通達７－３－６）は、普通、買主は建物の商品価値に着目しておらず、むしろ建物除却後の土地の更地価値に着目して売買金額の意思決定をしているのが通常とみられるから、建物等の取壊し時における帳簿価額と取壊費用の合計額を損金算入することを認めず、むしろ土地の取得価額に算入することを相当とするとの考えに拠っていると認められる。」

ただ単に、建物を取り壊した際に適用されるものは法人税基本通達７－７－１で、同７－３－６は、土地とともに建物を取得した際に、そもそも建物の取得ではなく、土地の利用に着目して不動産を取得した場合に適用されることとなります。

（5）売買契約書に資産ごとの取得価額の記載がない場合の按分方法

減価償却資産を売買により取得した場合に、資産ごとの取得価額が売買契約書に記載されていない場合は、どのように按分したらよいでしょうか。

これについては、法人税基本通達等にも実務上の取り決めがありません。

昭和47年12月14日の東京地裁（昭和43年（行ウ）第180号、（税務訴訟資料66号1216頁））では、それぞれの価額が不明のときは全体の価額をその取得時における土地及び建物の各価額による比率によって按分評価するのが相当であるとしました。ここでいう「その取得時の価額」とは、手に入りやすい資料の中で何を使用すればいいのかということが実務上問題となります。

平成27年６月１日公表裁決（裁決事例集No.99、ＴＡＩＮＳ：Ｊ99-3-10）では、売買により取得した土地と建物等の取得価額を合理的に区分する方法として下記の３つを挙げています。

①それぞれの資産の売買価額を直接算出する方法、②一方の資産の売買価額を算出して売買総額からその一方の資産の売買価額を差し引いた残額を他方の資産の売買価額として算出する方法、③何らかの価額比により算出したそれぞれの資産の価額比で売買総額を按分してそれぞれの資産の売買価額を算出する方法です。

これらのうち１つを選択すればよいのですが、多くの裁判例等では、固定資産税評価額を使用した③の按分方法が採用されています。その理由として、固定資産評価基準を採用すると、土地は地価公示価格や売買実例等を基に評価され、家屋の場合は再建築価額に基づいて評価されていることにより時価を反映していると考えられ、さらに、土地と家屋の価額の算出機関及び算出時期が同一であるからというものです。土地及び家屋の固定資産税評価額はいずれも同一時期の時価を反映しているという点からも合理的な方法であるとされています。

ただし、ここで、注意すべきことが２点あります。

① 売買契約書にそれぞれの資産の価額が記載されているが、合理的な按分方法である固定資産税評価額で按分した価額をそれぞれの資産の取得価額とできるのでしょうか。
② 売買契約書に記載されている価額であれば、それを採用して大丈夫なのでしょうか。

それぞれについて争われた裁決がありますので、紹介します。

① 固定資産の取得価額は売買契約書の価額か固定資産税評価額で按分した価額か

＜裁判例・裁決例などからみるポイント＞

減価償却資産を売買契約により取得した場合であって、売買契約書において土地建物の売買価額の総額とともに、内訳として土地、建物それぞれの価額が記載されているときには、契約当事者が通謀して租税回避の意思や脱税目的等の下に、故意に実体と異なる内容を契約書に表示したなどの特段の事情が認められない限り、当該契約書における記載内容どおりの契約意思の下に契約が成立したものと認められる。

（平成30年２月７日非公開裁決（棄却） ＴＡＩＮＳ：F0-2-808）

この事案は、審査請求人が、土地と建物を一括で取得したところ、売買契約書に建物の価額が零円とされていたため、売買代金に仲介手数料を加えた金額を、土地25％・建物75％として取得価額を按分し、その取得価額を基に建物の減価償却費を計算し、損金の額に算入していました。契約書に記載された建物の価額については、不動産鑑定士２名による評価額が両者とも零円であったことから、この価額となったものです。

原処分庁は、請求人は合意した上で契約を締結したのだから、建物の購入代価は、契約書記載の零円とすべきであると主張しました。

【平成30年２月７日国税不服審判所の判断の主要な論点】

- 減価償却資産を売買契約により取得した場合であって、売買契約書において土地建物の売買価額の総額とともに、内訳として土地、建物それぞれの価額が記載されているときには、契約当事者が通謀して租税回避の意思や脱税目的等の下に、故意に実体と異なる内容を契約書に表示したなどの特段の事情が認められない限り、当該契約書における記載内容どおりの契約意思の下に契約が成立したものと認められる。
- 上記購入の代価は、その価額に特段不合理な点が認められない限り、契約当事者双方の契約意思が表示された当該契約書記載の建物の価額によるのが相当である。
- 請求人らは、本件契約書に記載された内容で合意し、契約の締結に至ったものと認められるから、各建物の購入の代価は、契約書に記載された各建物の価額である零円とするのが相当である。

【実務上の留意点】

通常、売買契約書にそれぞれの価額が記載されている場合には、その価額を取得価額にするのが相当です。第三者間での相対取引等であれば、その価額が、その時におけるその資産の価額だからです。しかし、ここで注意すべきは、そのように売買契約書に記載された価額を時価として考え、取得価額とするには、上記裁決文にも記載があるように、「その価額に特段不合理な点が認められない限り」というときに限られます。例えば、関連会社間や関係者との間での売買契約や売買当事者のうちの一方のみの意向だけが反映された売買契約で、明らかに売買価額が、その資産の価額とかけ離れているのであれば、いくら売買契約書に記載されている金額であるからといって、取得価額とはなりません。それが次の事案となります。

②　消費税の金額のみが記載された売買契約書

<裁判例・裁決例などからみるポイント>

売買契約において定められた建物の価額がその客観的な価値と比較して著しく不合理なものであるなどの場合に、これを取得価額としてそのまま認めることは、売買契約の際に、土地と建物への代金額の割り付けを操作することで容易に減価償却資産として損金に算入される額を操作できることとなり、租税負担の公平の原則に反する結果となるのは明らかである。

したがって、このような場合には、合理的な基準により算定される建物の価額が、当該資産の購入の代価となると解される。

（平成30年９月11日非公開裁決（棄却）ＴＡＩＮＳ：F0-2-858）

これは、不動産賃貸業者が土地及び区分所有建物の専有部分を買い受けた事案です。不動産売買契約書には、売買価額と消費税等相当額のみが記載されていましたが、土地及び建物のそれぞれの価額は記載されていませんでした。請求人は、売買契約書に記載された消費税等から建物の売買価額を求め、全体の売買価額から建物の価額を差し引くことにより土地の売買価額を算出していました。

原処分庁は、請求人により算出された建物の価額は著しく不合理であるとして、建物の取得価額は、固定資産税評価額比按分法により算出された価額とするべきと主張していました。

【平成30年９月11日国税不服審判所の判断の主要な論点】

・　本件建物売買価額は固定資産税評価額と比べ著しく高額である。他方、本件土地売買価額は、平成24年度における固定資産税評価額、本件土地に接面する平成24年分の路線価に土地の地積を乗じた価額、さらに、本件土地の近隣に存する平成24年の標準地の公示価格に土地の地積を乗じた価額に比べて、著しく低額である。

・　本件建物売買価額は、その客観的な価値と比較して著しく不合理なものであると認められるから、合理的な基準により本件建物の価額を算出する必要がある。

・　固定資産税評価額により按分する方法は、固定資産税評価額比按分法と同一の方法であるところ、特に中古物件の場合は、簡易、迅速に、土地及び建物の価額を把握して按分することができること、固定資産税評価額は、土地の場合は路線価と同様に地価公示価格や売買実例等を基に評価し、建物の場合は再建築価額（評価の対象となった家屋と同一のものを、評価時にその場所に建築するものとした場合に必要とされる建築費を求めた上、当該家屋の時の経過によって生ずる損耗の状況による減価等をして評価時点の現状に適合するよう調整する方法により算出される価額）に基づいて評価されているから、土地及び建物ともに時価を反映していると考えられること、土地と建物の算出機関及び算出時期が同一であるから、土地及び建物の固定資産税評価額は、いずれも同一時期の時価を反映しているものと考えられることに照らすと、より合理的な算出方法であるといえる。しかも、本件においては、売買契約と同一年度の評価額を用いることができることも併せ鑑みれば、固定資産税評価額比按分法を採用することには、合理性があると認められる。

【実務上の留意点】

この事案の売買契約における土地と建物の各価額は、買主である請求人の意思が強く働いて決定された価額でした。しかし、実務上は、売買契約書に消費税額が記載されていた場合には、逆算して売買価額を求める方法はよく使用されます。

売買価額が記載されている又は消費税の金額が記載されていて逆算で計算できるなどの場合でも、念のため、固定資産税評価額の金額と比較して検証することも必要です。

（6）消費税法上の留意点

消費税法基本通達11－3－3では、「課税仕入れ等に係る資産が減価償却資産に該当する場合であっても、当該課税仕入れ等については、当該資産の課税仕入れ等を行った日の属する課税期間において法第30条《仕入れに係る消費税額の控除》の規定が適用されるのであるから留意する」とされています。つまり、課税仕入れ等を行った日に消費税の仕入税額控除を計上することになります。ここでいう課税仕入れ等を行った日とは、固定資産の場合は、引渡しがあった日とされています。

なお、具体的な消費税の課否については、固定資産の種類ごと、その付随費用により仕入税額控除ができるかどうかは違ってきます。次表を参照ください。

また、土地及び建物等の各金額を区分せず一括して譲り受け、それぞれの資産ごとの価額が不明の場合は、合理的な方法により課税仕入れに係る支払対価の額を算出することが必要とされ、その基準は、法人税と消費税との間で異なるものではないとされていますので、例えば、固定資産税評価額の比により按分をした場合などは、その建物の取得価額が課税仕入れとなります（消令45③、消基通11－4－2）。なお、土地、建物の場合には、事業者が資産の譲渡の時期をその固定資産の引渡し日でなく、譲渡契約の効力発生の日としているときは、これを認めるとされています（消基通9－1－13）。この通達の留意点については、**5（2）**を参照ください。

〈固定資産の消費税課否判定〉

資産	可否判定	留意事項
土地	非課税	－
建物	課税	－
建設仮勘定	課税	目的物の引渡しを受けた日の属する課税期間に課税仕入れとすることができます。
機械及び装置	課税	－
工具器具備品	課税	－
リース用資産	課税	－

〈固定資産の付随費用の消費税課否判定〉

費用項目	可否判定	留意事項
引取運賃	課税	—
荷役費	課税	—
購入手数料	課税	—
運送保険料	非課税	—
関税、不動産取得税、自動車取得税、登録免許税等の租税公課	不課税	—
借入金利子	非課税	—
建物に係る未経過固定資産税相当額	課税	—
リサイクル預託金	不課税	車両を取得した時には、不課税

(7) 圧縮記帳を受けた場合

圧縮記帳とは、国庫補助金等により本来は課税所得となるものの課税を繰り延べる制度です。圧縮記帳には、国庫補助金等により取得した場合の法人税法上の圧縮記帳（法法42～法法50）と収用などにより取得した場合の租税特別措置法上の圧縮記帳（措法64など）があります。ここでは、国庫補助金等により資産を取得した場合について経理処理をみていきます。

① 国庫補助金等で資産を取得した場合

(ア) 国庫補助金等により資産の取得等をし、その交付を受けた国庫補助金等の返還を要しないことが事業年度終了までに確定した場合

内国法人（清算中のものを除く）が、各事業年度において固定資産の取得又は改良に充てるための国又は地方公共団体の補助金又は給付金の交付を受け、その事業年度においてその国庫補助金等をもってその交付の目的に適合した固定資産の取得又は改良をした場合において、その固定資産につき、その取得又は改良に充てた国庫補助金等の額に相当する金額（圧縮限度額）の範囲内でそ

の帳簿価額を損金経理により減額し、又はその圧縮限度額以下の金額を事業年度の確定した決算において積立金として積み立てる方法により経理したときは、その減額し又は経理した金額に相当する金額は、事業年度の所得の金額の計算上、損金の額に算入するという規定です（法法42①）。なお、これらの方法の他に、決算の確定の日までに剰余金の処分により積立金として積み立てる方法も経理方法として認められています（法令80）。

つまり、認められている経理処理としては、国庫補助金等の額を帳簿価額から減額する方法（直接減額方式）と積立金として積み立てる方法（積立金方式）、剰余金の処分により積立金として積み立てる方法の３つの方法があり、納税者が選択できるということになります。

（イ）交付を受けた国庫補助金等の返還を要しないことが当該事業年度終了の時までに確定していない場合

内国法人（清算中のものを除く）が、各事業年度において固定資産の取得又は改良に充てるための国庫補助金等の交付を受ける場合で、その国庫補助金等の返還を要しないことが当該事業年度終了の時までに確定していない場合において、その国庫補助金等の額に相当する金額以下の金額をその事業年度の確定した決算において特別勘定を設ける方法により経理したときは、その経理した金額に相当する金額は、事業年度の所得の金額の計算上、損金の額に算入します（法法43①）。

つまり、（ア）と違い、国庫補助金等の返還を要しないことが事業年度終了の時までに確定していない場合には、特別勘定により損金の額に算入することも認めるということです。また、特別勘定の他に、国庫補助金等の金額を仮受金等として処理することも認められています（法基通10－１－１）。

なお、その後、国庫補助金等について返還すべきこと又は返還を要しないことが確定した場合には、その国庫補助金等に係る特別勘定の金額のうち政令で定めるところにより計算した金額は取り崩さなければなりません（法法43②）。取り崩した金額は、その取り崩すべきこととなった日又は取り崩した日の属する事業年度の所得の金額の計算上、益金の額に算入します（法法43③）。

【実務上の留意点】

補助金等に係る予算の執行の適正化に関する法律15条では「各省各庁の長は、補助事業等の完了又は廃止に係る補助事業等の成果の報告を受けた場合においては、報告書等の書類の審査及び必要に応じて行う現地調査等により、その報告に係る補助事業等の成果が補助金等の交付の決定の内容及びこれに附した条件に適合するものであるかどうかを調査し、適合すると認めたときは、交付すべき補助金等の額を確定し、当該補助事業者等に通知しなければならない」とあります。そのため、上記**(ア)(イ)**にいう「国庫補助金等の返還を要しないことが、事業年度終了までに確定」ということは、補助金等の金額が確定し、その旨の通知がある場合には、確定したとして考えて構わないと思われます。

5

減価償却資産の取得時期

通常の場合、取得時期と事業供用日は同一時期が多いですが、請負契約で資産を取得した場合や特別控除等租税特別措置法の適用を受ける際には注意が必要となります。

減価償却資産の取得時期はあまり意識していないことが多いと思います。しかし、この取得時期を間違えると、減価償却費の損金の額に算入する時期が違ってきますので、まずは「取得」とは何かを掴むことが大切です。

（1）減価償却資産の取得時期

法人税法では、減価償却資産の取得時期について、この時に取得したとみなすという規定はありません。購入した減価償却資産の場合には、通常、代金を支払い後、使用を始めた時に取得をしたとして減価償却費を計上することが多いです。しかし、これも厳密には、「取得」と「事業の用」の２つに分類され、法人税法の条文でも、両者は書き分けられています。例えば、法人税法31条１項では「その取得をした日及びその種類の区分に応じ……」、減価償却資産の償却の方法を定めた法人税法施行令48条１項では「取得をされた減価償却資産」という表現を使用しています。

一方、減価償却資産の範囲を定めた法人税法施行令13条１項では、カッコ書きで「事業の用に供していないもの及び時の経過によりその価値の減少しないものを除く」としています。つまり、「取得」と「事業の用」とは違います。

裁判例等では、ここを次のように分けて解釈しています。

固定資産の「取得」とは、「当該固定資産に係る所有権移転の原因となる私法上の法律行為又はこれと同視することのできる行為（平成30年３月６日東京地裁（棄却）税務訴訟資料268号順号13126)」をいい、「事業の用」とは、「業種、業態、その資産の構成及び使用の状況を総合的に勘案し、その資産の属性に従って本来の目的のために使用を開始したことが必要（平成29年12月21日非公開裁決（棄却）ＴＡＩＮＳ：F0-2-768)」とされています。

法人税法や法人税法施行令の条文で、「取得」と「事業の用」という文言が使用されているということは、一部資産を除き、この２つの要件が満たされて、その資産に対する減価償却費を計上できるということになります。特に、特別償却や税額控除を規定している租税特別措置法では、条文にこの「取得」と「事業の用」の２つの言葉が使われていますので、特に注意する必要があります。なお、無形固定資産のうち、時の経過により減価していくことが明らかな特許権などは、事業の用に供していなくても、取得の日から減価償却できるとされています（東京国税局 課税第二部 法人課税課「減価償却関係質疑応答集（普通償却・特別償却関係)」平成23年６月 ＴＡＩＮＳ：償却事例東京局0005。法人税基本通達７－１－６で、漁業権及び工業所有権については、その存続期間の経過により償却すべきものと規定があります)。

〈取得の日から減価償却費を計上できる無形固定資産〉

無形固定資産	法定耐用年数（単位：年）	根拠条文と存続期間
漁業権	10	漁業法21条１項（共同漁業権10年、その他の漁業権５年）
特許権	8	特許法67条１項（20年）
実用新案権	5	実用新案法15条（10年）
意匠権	7	意匠法21条１項（25年）
商標権	10	商標法19条１項（10年）

通常、資産を購入し代金を支払った後に、その資産を「取得」したのかそれともしていないのかなど争いになることはありません。「取得」が争いになるのは、資産に一定の機能・効能を持たせるような請負契約のような場合です。

どちらかというと、実務上問題が発生しやすいのは、「事業の用」に供しているのかどうかでしょう。購入した資産をそのままにしているときは、「事業の用」に供しているとはいえません。決算期末の当日に購入した資産でも、その日に使用を開始したならば、使用を開始した事業年度で減価償却費を計上することはできますが、購入した翌日、つまり翌事業年度から使用を始めた場合には、翌事業年度から減価償却費を計上することになります。なお、いつから事業の用に供しているのか争いが多い事例として太陽光発電設備の事例を(3)で取り上げています。

(2) 不動産の取得にみる消費税法上の注意点

固定資産のうち、不動産の場合は、取得時期が資産の引渡しを受けた日なのか売買契約書に記載された日なのかという論点があります。

これは、固定資産の譲渡をした場合の収益計上時期が、原則として、その引渡しがあった日の属する事業年度となっていますが、法人税基本通達２－１－14において、その固定資産が土地、建物などの不動産である場合には、その法人が契約の効力発生日において収益を計上しているときには認める旨の規定があるからです。消費税法上も、同様の規定が基本通達９－１－13にあります。

法人税基本通達２－１－14（固定資産の譲渡に係る収益の帰属の時期）

固定資産の譲渡に係る収益の額は、別に定めるものを除き、その引渡しがあった日の属する事業年度の益金の額に算入する。ただし、その固定資産が土地、建物その他これらに類する資産である場合において、法人が当該固定資産の譲渡に関する契約の効力発生の日において収益計上を行っているときは、当該効力発生の日は、その引渡しの日に近接する日に該当するものとして、法第22条の２第２項《収益の額》の規定を適用する。

（注） 本文の取扱いによる場合において、固定資産の引渡しの日がいつであるかについては、２－１－２の例による。

消費税法基本通達９－１－13（固定資産の譲渡の時期）

固定資産の譲渡の時期は、別に定めるものを除き、その引渡しがあった日とする。ただし、その固定資産が土地、建物その他これらに類する資産である場合において、事業者が当該固定資産の譲渡に関する契約の効力発生の日を資産の譲渡の時期としているときは、これを認める。

（注） 本文の取扱いによる場合において、固定資産の引渡しの日がいつであるかについては、９－１－２の例による。

この通達のただし書きは、固定資産の譲渡の時期を引渡し日と契約の効力発生日のどちらかを法人が任意に選択できるのではないかと思われがちですが、そうではないとの解釈がなされた判決がありますので、注意が必要です。この判決については、（3）③で取り上げていますので、参照ください。

なお、通達の注書き部分については、棚卸資産の引渡し日の判定について記載されています。

（3）裁判例・裁決例などからみる誤りやすい減価償却資産の取得時期

ここでは、取得時期で注意すべき事例として、①請負契約の場合、②太陽光発電設備における事業の用とは、③不動産の場合の課税仕入れの時期の３点について、裁判例をみていきたいと思います。

①　請負契約の場合

工場に機械及び装置を設置しました。試運転をしたところ不具合が発生し、その調整をお願いしていたところ、翌事業年度に問題が解決したため、検収し代金の残額を支払いました。このような場合、いつが機械及び装置の引渡し日となるのでしょうか。

<裁判例・裁決例などからみるポイント>

機械装置等を特定の場所に設置し、これを稼働させることを目的とする請負契約に基づいて設置される機械装置等につき、注文者が請負人から引渡しを受けたというためには、単に、機械装置等が注文者の工場に設置され、注文者がこれを事実上占有するに至ったというだけでは、注文者において完成した目的物の引渡しを受けたものということはできないというべきである。

（平成30年３月６日東京地裁（棄却）税務訴訟資料268号順号13126）

Ａ社は、自社の工場において機械装置（製品格納自動倉庫システム）を平成25年２月20日に設置しました。しかし、翌日以降に不具合が生じ、その調整を行ったところ、同年５月になり、ようやく不具合の発生が少なくなったため、同月27日に検収書の発行を行いました。Ａ社は、本件機械装置を平成25年３月期に取得したものとして、減価償却費及び租税特別措置法52条の３の規定の適用による特別償却準備金として積み立てた金額を損金の額に算入して法人税の確定申告をしたところ、課税庁より、法人税及び消費税等の更正処分等を受けたものです。

東京地裁は、次のように判断し、機械及び装置の取得時期は検収日である平成25年５月27日であると判断しています。

【平成30年３月６日東京地裁の判断の主要な論点】

・　本件のように機械装置等を特定の場所に設置し、これを稼働させることを目的とする請負契約は、請負人において、当該機械装置等を設置すべき場所に物理的に設置するのみならず当該機械装置をその使用目的に沿って使用することが可能な状態にすることが当然に予定されているといえる。

・　原告が本件機械装置を「取得」したのは、早くとも機械装置の引渡しが行われた平成25年５月27日であり、本件事業年度終了時である同年３月31日において、機械装置を「取得」していないといわざるを得ない。

・　原告は、機械装置の譲渡を受けたということはできず、本件課税期間（平成25年３月期）における消費税額の計算において、機械装置に係る消費税額を控除することはできないというべきである。

【実務上の留意点】

民法では、632条に「請負は、当事者の一方がある仕事を完成することを約し、相手方がその仕事の結果に対してその報酬を支払うことを約することによって、その効力を生ずる」とされています。つまり、「ある仕事を完成すること」とあるように、単に物理的に設置したというだけではなく、機械及び装置であれば、試運転及び調整作業を完了し、所期の性能を有することが確認されることにより、仕事の完成となりますので、そこが資産の引渡し日となります。なお、この事案では、納税者も課税庁も、この機械及び装置が「事業の用」に供していることは双方が認めていました。つまり、「事業の用」に供しているけれども、「取得」をしていないので減価償却費の計上が認められないというものです。

次は、「事業の用」に供しているかが争われた事案となります。

② 事業の用に供しているか否か

「事業の用」とは、「業種、業態、その資産の構成及び使用の状況を総合的に勘案し、その資産の属性に従って本来の目的のために使用を開始したことが必要」とされていますが、具体的には、どういうことでしょうか。

＜裁判例・裁決例などからみるポイント＞

減価償却資産は用途に応じた本来の機能を発揮することによって収益の獲得に寄与する固定資産であるから、これを事業の用に供しているというためには、業種、業態、その資産の構成及び使用の状況を総合的に勘案し、その資産の属性に従って本来の目的のために使用を開始したことが必要と解される。

（平成29年12月21日非公開裁決（棄却）ＴＡＩＮＳ：Ｆ0-2-768）

この事案は、太陽光発電設備を取得したA社が、電力会社に対して工事費負担金の支払いを終えた平成27年３月４日及び同月20日に事業の用に供しているとして申告をしたところ、原処分庁が、これら設備の系統連系工事を了して電力会社への電力の供給を開始した日が事業の用に供した日であるとして法人税の更正処分を行った事案です。

【平成29年12月21日国税不服審判所の判断の主要な論点】

・　本件各設備は配線方法が全量配線の太陽光発電設備であるから、請求人が本件各設備を事業の用に供したというためには、各設備のそれぞれが系統連系工事を了し、発電した電力の供給を開始した事実を必要とするのが相当である。

・　そうすると、系統連系工事を了し、電力の供給が開始された日は、設備１が平成27年４月27日、設備２が同年６月８日であるから、各設備のいずれについても本件事業年度末までに電力供給を開始した事実は認められない。

【実務上の留意点】

減価償却資産が「事業の用」に供しているかを考慮する際には、単に使用を開始するだけでなく「本来の目的のために」という点が大切になります。

なお、ＤＶＤ等のレンタル業などで、一度もレンタルされたことのないものがある場合でも、いつでもレンタルが可能な状態になっていれば、事業の用に供したものとすることができるとされています（東京国税局 課税第二部 法人課税課「減価償却関係質疑応答集（普通償却・特別償却関係）」平成23年６月　ＴＡＩＮＳ：償却事例東京局0004）。あくまでも「本来の目的のために」が判断基準となります。

③　課税仕入れの時期

＜裁判例・裁決例などからみるポイント＞

固定資産の譲渡については、同時履行の抗弁権の存在等により、現実には、引渡し時に当該資産の権利（所有権）が移転するものとされていることが多いことから、引渡時を基準としつつ、契約によって、別途権利（所有権）の移転日を定めている場合には、これによる旨を定めたものであると解され、消費税法基本通達９－１－13ただし書の文言上、売買等の契約の効力発生日をもって直ちに「課税仕入れを行った日」とすることを認めていない。

（平成31年３月15日東京地裁（棄却）　ＴＡＩＮＳ：Z888-2244）

平成31年３月15日の東京地裁では、Ａ社（６月決算法人）がＢ社から購入した建物を売買契約の締結日である平成25年６月28日付けで、未払金勘定を相手科目として、建物を資産計上する経理処理を行った事案です。建物の代金支払いや所有権移転登記は、翌事業年度である７月31日になされていました。

納税者は、消費税法基本通達９－１－13は、固定資産を譲り受けた場合の課税仕入れを行った日を、その本文において、引渡しがあった日としつつ、そのただし書きにおいて、固定資産が土地、建物等の場合には、「引渡しがあった日」と「契約の効力発生の日」のいずれの日を基準とするかについて、事業者の選択可能性を認めていると主張しました。

東京地裁は、消費税法基本通達９－１－13のただし書きの解釈については、下記のような判断をして、Ａ社が建物に係る権利（所有権）を取得したのは、翌事業年度の７月31日であり、建物の「課税仕入れを行った日」も７月31日であるとしました。

【平成31年３月15日東京地裁の判断の主要な論点】

・　消費税法基本通達９－１－13は、固定資産の譲渡の時期について、その本文において、「引渡しがあった日」としつつ、そのただし書きにおいて、固定資産が土地、建物その他これらに類する資産である場合には、事業者が当該固定資産の譲渡に関する契約の効力発生の日を資産の譲渡の時期としているときは、これを認めるとしている。当該取扱いは、固定資産の譲渡については、同時履行の抗弁権の存在等により、現実には、引渡し時に当該資産の権利（所有権）が移転するものとされていることが多いことから、引渡し時を基準としつつ、契約によって、別途権利（所有権）の移転日を定めている場合には、これによる旨を定めたものであると解され、同通達ただし書の文言上、売買等の契約の効力発生の日をもって直ちに「課税仕入れを行った日」とすることを認めておらず、事業者が当該固定資産の「譲渡に関する契約」のその「効力発生の日」を「資産の譲渡の時期としている」ことを要求しているのは、上記趣旨によるものと解される。

・　原告とＢ社は、本件建物の引渡し日をもって所有権を移転する旨合意していたと認めるのが相当であり、本件建物の所有権移転登記の時期、使用収益の実態等契約締結後の事情を踏まえれば、本体建物は、平成25年7月31日にB社から原告に引き渡されたものと認められるから、原告が本件建物に係る権利（所有権）を取得した日は、平成25年7月31日であり、本件資産の譲受けに係る「課税仕入れを行った日」は、平成25年7月31日であり、本件課税期間（平成25年6月期）に属するとは認められない。

【実務上の留意点】

固定資産の取得時期と消費税法における「課税仕入れを行った日」とは、表裏一体です。土地・建物のような不動産などの場合には、消費税法では、基本通達で引渡し日でなく、譲渡に関する契約の効力発生の日も「課税仕入れを行った日」とすることが認められています。ただ、この通達のただし書きの解釈は、双方合意の上、「効力発生の日」を「資産の譲渡の時期としている」ことを契約書上などに明記している際に適用されるものとなります。単に、納税者が、特に契約書等に取り決めがないにもかかわらず、申告時になって、有利な方を選択できる規定ではないというところに注意が必要です。

6

中古資産を取得した場合

中古資産を取得した場合には、耐用年数の見積りが必要となります。ただし、総合償却資産の場合には、別途通達があるため注意が必要です。

中古資産の減価償却方法は、基本的に新品を購入した場合と変わりませんが、耐用年数を見積もる必要があります。また、総合償却資産の場合には、個別償却資産とは全く違う取扱いになります。その他、中古資産を取得する機会として、個人事業者が法人を設立するいわゆる法人成りの場合がありますので、その際注意すべき点についても触れることとします。

(1) 耐用年数の見積方法

中古資産を取得した場合には、その資産に対する耐用年数は、次の見積法及び簡便法による年数で減価償却費を計算することができる（耐令3①）とされています。

① 原則

見積法は、資産をその事業の用に供した時以後の使用可能期間の年数を耐用年数とします。一方、簡便法は、次の算式により計算した年数（2年に満たない場合には、2年）を耐用年数とします。ただし、耐用年数省令別表第1（機械及び装置以外の有形減価償却資産）、別表第2（機械及び装置）、別表第5（公害防止用減価償却資産）又は別表第6（開発研究用減価償却資産）に掲げる減価償却資産のみ適用できます。つまり、別表第3（無形減価償却資産）と別表第4（生物）の適用のある資産は、簡便法は使えません。

＜簡便法の算式＞
（ア）法定耐用年数の全部を経過した資産…法定耐用年数×20%
（イ）法定耐用年数の一部を経過した資産…（法定耐用年数―経過年数）＋経過年数×20%

見積法は取得後の耐用年数を実際の資産の損耗状況により見積もる方法ですので、具体的な資料等による合理的な見積りが必要となります。

一方、簡便法は、経過年数を知ることができれば計算できるため、実務上は多く利用されています。

しかし、全ての中古資産について、これらの見積方法が認められているわけではなく、下記のように中古資産を事業の用に供するために多額の資本的支出を行った場合には、見積法及び簡便法を適用することができません。

〈中古資産を取得した場合に見積法、簡便法が適用できない場合〉

対象となる資産	適用可	適用不可	通達番号等
事業の用に供するに当たって支出した資本的支出の額が、その資産の再取得価額の50%相当額を超えているとき	法定耐用年数	見積法、簡便法	耐通1－5－2
事業の用に供するに当たって支出した資本的支出の額が、その資産の取得価額の50%相当額を超えているとき	見積法(*)	簡便法	耐令3①

（*）見積法に代わり、次の算式で計算された年数を耐用年数として計算した時は、認める取扱いがあります（耐通1－5－6）。

$$\begin{array}{c}\text{中古資産の取得価額}\\\text{（資本的支出を含む）}\end{array} \div \left(\frac{\begin{array}{c}\text{中古資産の取得価額}\\\text{（資本的支出を除く）}\end{array}}{\text{簡便法による耐用年数}} + \frac{\text{中古資産の資本的支出}}{\text{法定耐用年数}} \right)$$

②　総合償却資産の場合

総合償却資産とは、機械及び装置と構築物のことです。中古の総合償却資産を取得した場合には、上記①とは違う方法が耐用年数の適用等に関する取扱通達で規定されています。理由としては、総合償却資産は、個々の資産の全部を総合して一の耐用年数を使用して償却するからです。そのため、その資産のうちの１つだけ取り出し、中古資産に取替えたとしても、その資産だけ個別に耐用年数を見積もり、その耐用年数で償却するというのは、総合償却資産としては合理的でないためです。総合償却資産である機械及び装置、構築物の中古資産を取得した場合の総合耐用年数は、下記の原則的と特例の２つの方法が設けられています。

（ア）原則的な方法

中古の総合償却資産を取得した場合には、資産の相当部分につき中古資産を一時に取得した場合に限り、下記の算式での計算によりその資産の総合耐用年数（１年未満の端数は切り捨て、２年に満たない場合には２年）を見積もって中古資産以外の資産と区別して償却することができるとしています（耐通１－５－８）。この資産の相当部分につき中古資産を一時に取得した場合とは、取得した資産の再取得価額の合計額が、その資産を含めた資産の属する設備全体の再取得価額の合計額のおおむね100分の30以上（耐通１－５－９）である場合です。

中古資産の取得価額の合計額	÷	その中古資産を構成する個々の資産の全部につき、それぞれ個々の資産の取得価額を個々の資産の使用可能と見積もられる耐用年数で除して得た金額の合計額

（イ）特例的な方法

工場を一括して取得する場合のように一の設備の種類に属する中古の総合償却資産の全部を一時に取得したときは、その総合償却資産について定められている法定耐用年数から経過年数を控除した年数に、経過年数の100分の20に相当する年数を加算した年数（その年数に１年未満の端数があるときは、その端数を切り捨て、その年数が２年に満たない場合には、２年とする）を中古資産の耐用年数とすることができるとされています（耐通１－５－10）。

この耐用年数の見積方法をみてわかりますが、総合償却資産を取得した場合には、①で掲げられた方法で耐用年数を見積もることができません。中古の資産を取得した場合に実務上多く用いられる方法である簡便法も総合償却資産の場合は、工場を一括して取得したというかなり例外的な場合に限られていることになります。なお、総合償却資産の場合、(ア)・(イ) に該当しない場合は、法定耐用年数での償却となります。詳しくは、下記 (4) ②の裁決を参照ください。

(2) 耐用年数の見積時期

耐用年数の適用等に関する取扱通達1－5－1では、(1) ①の見積法や簡便法の耐用年数の算定は、その事業の用に供した事業年度においてできると規定されています。つまり、事業の用に供した事業年度において、行うということです。例えば、中古資産を事業の用に供した際に、法定耐用年数を適用し、翌事業年度では、簡便法で算出した耐用年数に変更するということはできません。詳しくは (4) ①に具体的に争いになった裁判例を参照ください。

ただし、中間事業年度の仮決算において、法定耐用年数を使用して減価償却費を計算していたが、確定決算の際には、簡便法を使用することは認められています (耐通1－5－1注書き)。これは、仮決算はあくまでも仮であるため、見積残存年数よりも長い法定耐用年数で計算をしても課税上弊害がないためとされています (坂元左・廣川昭廣著「＜改訂新版＞耐用年数通達逐条解説」32頁)。

(3) 法人成りによる取得の場合

個人事業主が法人を設立した場合に、減価償却資産を取得するケースとして、現物出資する場合と個人財産を買い取る場合があります。どちらも、法人に対する資産の譲渡の取扱いになります。ただし、現物出資の場合は、一定の場合を除き(※)、裁判所が選任した検査役が適正であるかを調査する必要があります（会社法33①)。また、法人成りにより財産を取得する際に留意すべき点としては、①資産の取得価額、②耐用年数、③消費税の３点があります。

（※）会社法33条10項では、検査役の調査を適用しない事項として、①定款に記載された財産の価額の総額が500万円を超えない、②現物出資財産が市場価格のある有価証券で、その価額が法務省令で定める方法で算出された価額を超えない、③定款に記載された価額が相当であるとして、弁護士、公認会計士、税理士等の証明を受けた場合の３つを挙げています。

①　取得価額

法人成りの際に、個人から法人へ資産を引き継ぐ場合の価額は、その資産の適正な時価によることになります。

現物出資の場合、個人事業の帳簿価額により引継ぎする場合もありますが、時価との差額が生じている場合には、下記のような課税が発生します。

〈現物出資の場合の取得価額（引継額）と時価に差額がある場合〉

時価との関係	個人事業主側の処理	会社側の処理
時価より取得価額(引継額）が高い場合	譲渡所得の収入金額は、出資額でなく、法人の取得価額です。	時価を取得価額とし、時価を超える部分の出資は否認されます。
時価より取得価額(引継額）が低い場合	時価の2分の1未満の価額で引き渡した場合、時価で譲渡したものとみなされます。(みなし譲渡)	資本取引の為、課税関係は発生しません。事後設立の場合は、低廉譲受益を計上することになります。

（＊）ＴＡＩＮＳ：法人事例000103を参考に作成。

②　耐用年数

耐用年数については、中古資産を取得した場合と同様の取扱いになります。見積法や簡便法が適用できます。

③　消費税

消費税は通常の資産の取得と同様です。個人事業主が消費税の課税事業者の場合は、その資産の譲渡に対し、課税資産の譲渡等の取扱いになります。

一方、取得した法人側では、減価償却資産の取得については、課税資産の譲渡等になるということだけではなく、引き継いだ資産に高額なものが含まれていた場合には、別途④の規定があります。

④　新設法人が調整対象固定資産を取得した場合

新たに設立された法人については基準期間が存在しないため、設立１期目及び２期目は原則として免税事業者となります。しかし、その事業年度開始の日における資本金の額又は出資の金額が１,000万円以上である法人や特定新規設立法人（平成26年4月1日以後に設立した新規設立法人（その事業年度の基準期間がない法人で、その事業年度開始の日における資本金の額又は出資の金額が1,000万円未満の法人）のうち、①その基準期間がない事業年度開始の日において、他の者によりその新規設立法人の株式等の50％超を直接又は間接に保有される場合など、他の者によりその新規設立法人が支配される一定の場合(特定要件)に該当すること、②上記①の特定要件に該当するかどうかの判定の基礎となった他の者及びその他の者と一定の特殊な関係にある法人のうちいずれかの者(判定対象者)のその新規設立法人のその事業年度の基準期間に相当する期間(基準期間相当期間)における課税売上高が5億円を超えていること）については、その基準期間がない事業年度における課税資産の譲渡等について納税義務を免除しないとする特例が設けられています（消法９①、消法12の2①、消法12の3①))。

資本金が１,000万円以上である新設法人及び特定新規設立法人が、基準期間がない事業年度に調整対象固定資産の課税仕入れを行った場合には、その課税仕入れを行った課税期間の初日から３年を経過する日の属する課税期間までの各課税期間については、免税事業者となることができません。つまり、課税仕入れを行った課税期間から３年間は、消費税の課税事業者となります。仮に第１期目の課税売上高が１,000万円未満であっても第３期には、免税事業者となることはできません。

調整対象固定資産とは、棚卸資産以外の資産で、建物及びその附属設備、構築物、機械及び装置、船舶、航空機、車両及び運搬具、工具、器具及び備品、鉱業権その他の資産で、一の取引単位の価額(税抜き価額)が100万円以上のものをいいます（消法２①十六、消令５）。

詳しくは、**8**を参照ください。

法人成りする際に、個人事業を営んでいた時の資産のうち、高額な資産を引き継ぐ場合には、消費税の納税に影響が出る規定がありますので、必ず資産の取得の際には、消費税負担について検討を行う必要があります。

（4）裁判例・裁決例などからみる誤りやすい中古資産の処理

①　見積耐用年数を適用する場合

＜裁判例・裁決例などからみるポイント＞

いったん法定耐用年数によって減価償却費の計算をした中古資産について、後になって、見積耐用年数を適用して申告し直すことができないことは明らかである。

（平成27年３月３日那覇地裁（却下・棄却）（税務訴訟資料265号順号12616））

この事案は、不動産賃貸業を営むＡ社が、中古で取得した建物について、新築建物に適用される法定耐用年数により減価償却費を計算していましたが、平成24年３月期からは、これを中古資産の見積耐用年数に短縮して減価償却費の計算を行ったものです。Ａ社は、中古資産に係る見積耐用年数で申告し直すことが違反となる法令上の規定はないと主張していましたが、那覇地裁は、Ａ社の主張を棄却しています。

【平成27年3月3日那覇地裁の判断の主要な論点】

・　法人税法施行令56条及び耐用年数省令1条1項1号は、法人税法上の建物等の耐用年数については、それが中古資産であっても、法定耐用年数によることを原則としている。耐用年数省令3条1項は、中古資産の耐用年数については、例外的に見積耐用年数によることができる旨を規定しているが、当該規定が、納税者が減価償却資産を取得し、これを事業の用に供した後の事業年度において、減価償却費の計算に当たって適用すべき耐用年数を任意に変更することを認めたものとは解されない。

・　法人税法施行令57条は、一定の事由がある場合に限り、所轄国税局長の承認を受けることを条件として、耐用年数を短縮することを認めており、これらの法令上の各規定に従えば、いったん法定耐用年数によって減価償却費の計算をした中古資産について、後になって、見積耐用年数を適用して申告し直すことができないことは明らかである。

【実務上の留意点】

中古資産については、例外的に見積耐用年数を使用することができますが、例外的ということで、一度、法定耐用年数を使用して計算した場合には、見積耐用年数に変更することはできません。

②　中古の総合償却資産を取得した場合の耐用年数の見積りについて

＜裁判例・裁決例などからみるポイント＞

本件充填機及び包装機の再取得価額の合計額が、これらが属する設備全体の再取得価額の合計額の100分の30に満たないことは明らかであるから、本件充填機及び包装機の耐用年数を見積もって他の機械及び装置と区別して償却できる場合に当たらない。

（平成30年2月20日非公開裁決（棄却）ＴＡＩＮＳ：F0-2-807）

化粧品及び医薬部外品の製造等を営む審査請求人が、中古の機械及び装置を取得し、耐用年数省令3条1項の簡便法（法定耐用年数×20％等）により耐用年数を見積もり、減価償却費を計算したところ、原処分庁から、機械及び装置は製造設備の一部を構成するものであるから見積りによる耐用年数を用いることはできないとして、法定耐用年数によるべきとした更正処分を受けた事案です。

先ほども述べましたが、中古資産の見積耐用年数は、個別償却資産と総合償却資産とでは違います。この事案では、耐用年数の適用等に関する取扱通達1－5－8、同通達1－5－9に当てはめ、納税者の主張を棄却しています。

【平成30年２月20日国税不服審判所の判断の主要な論点】

- 耐用年数の適用等に関する取扱通達１－５－８は、中古の機械及び装置を１台とか２台とか取得してもその総合償却資産の全体の耐用年数にほとんど影響を及ぼさないと認められることから、総合償却資産については、法人が工場を一括して取得する場合等、一の設備の種類に属する資産の相当部分について中古資産を一時に取得した場合に限ってその資産の総合耐用年数を見積もってその中古資産以外の資産と区別して償却することができるとしており、また、同通達１－５－９は、取得した中古の機械及び装置の再取得価額が、当該取得した機械及び装置を含めた機械及び装置の属する設備全体の再取得価額のおおむね100分の30以上であるときは、その設備全体の耐用年数に相当影響することから、当該機械及び装置について総合耐用年数を見積もり、他の機械及び装置と区別して償却することができることとしている。
- 本件充填機等の再取得価額の合計額が、これらが属する設備全体の再取得価額の合計額の100分の30に満たないことは明らかであるから、本件充填機等の耐用年数を見積もって他の機械及び装置と区別して償却できる場合に当たらない。
- 以上によれば、充填機等の耐用年数は法定耐用年数の８年となる。

【実務上の留意点】
中古資産の耐用年数の見積りは、簡便法による方法が一般的ですが、全ての中古資産に使用できるものではありません。総合償却資産である機械及び装置、構築物の場合は、別途通達に規定がありますので、注意が必要です。また、見積りができない場合は、法定耐用年数の適用となります。機械及び装置の場合、取得価額が大きいので、減価償却計算の誤りは課税所得に大きな影響を与えることになります。

③　居抜き店舗の場合の前賃借人に支払った備品等の買取費用

中古資産を買い取るケースとして、法人成りの他に、前賃借人から造作や備品などを買い取る場合があります。特に、飲食店では多い事例です。この場合、その買い取ったものをそのまま使用する場合には、中古資産の取得として、耐用年数の見積りの方法がありますが、実際には、それら中古資産を使用せず、すぐに取り壊し、新たな造作を取得した場合には、買取り費用はどのような取扱いになるのでしょうか。

＜裁判例・裁決例などからみるポイント＞
本件支出は、造作等の取得費ではなく、貸室を賃借し又は使用するための費用であり、実質的には建物の賃借に際して支払う権利金とその性質を異にするものではなく、いわば貸室に係る借家権の取得費用というべきものと認められるから、法人税法施行令14条１項９号ロ（現行：14条１項６号ロ）に規定する繰延資産に該当する。
（平成７年７月７日公表裁決（棄却）裁決事例集第50集190頁）

飲食店（バー）を営むＡ社は、Ｆビルを賃借するため、ＦビルをＡ社の前に賃借していたＧ社との間で、賃借権並びに造作備品の譲渡に関する契約を締結し、その譲渡契約に基づきＧ社に対し、貸室の造作及び備品の対価を支払い、賃借権の引渡しを受けました。
Ａ社は、その後、本件造作等の全部を取り壊し又は廃棄し、これら対価の支払い額を全て特別損失として損金の額に算入したところ、課税庁よりこれら対価の額は繰延資産に該当するとして更正処分を受けた事案です。

【平成7年7月7日国税不服審判所の判断の主要な論点】

・　本件貸室は、引渡しを受けた日の翌日から造作等の取壊し又は廃棄及び新店舗の改修工事が始まり、請求人が本件造作等を利用した事実はないこと及び前賃借人の営業していた麻雀店と、請求人が新店舗にて営業しようとしていた飲食業（バー）とでは業種が全く異なることから、本件支出は、前賃借人が営業していた麻雀店舗としての造作等の利用価値に着目して支出したものではなく、既存の造作等を取り壊し又は廃棄し、新たな内部造作を施して飲食業を営業できるという価値に着目しての支払いであると認められる。

・　そうすると、本件支出は、造作等の取得費ではなく、貸室を賃借し又は使用するための費用であり、実質的には建物の賃借に際して支払う権利金とその性質を異にするものではなく、いわば本件貸室に係る借家権の取得費用というべきものと認められるから、本件支出は、法人税法施行令14条1項9号ロ（現行：14条1項6号ロ）に規定する繰延資産に該当すると判断するのが相当である。

【実務上の留意点】

資産の取得、廃棄ということで特別損失での処理と考えやすいのですが、その取得の経緯や支出の性質を考えて、今回のような場合には、繰延資産での償却となります。ただ、中古資産をそのまま使用していた場合などは、中古資産の取得として、減価償却することとなります。

7

申告時の留意点

減価償却資産の申告には、損金経理要件、当初申告要件など留意すべき点があります。これは、法人の意思表示、選択を表すこととして大事なことです。

今まで、減価償却の計算方法についてみてきました。ここでは、具体的に申告する際に注意する点についてみていきます。

（1）減価償却費の損金経理要件

法人税法31条１項では、下記のように規定されています。

31条

内国法人の各事業年度終了の時において有する減価償却資産につきその償却費として第22条第３項の規定により当該事業年度の所得の金額の計算上損金の額に算入する金額は、その内国法人が当該事業年度においてその償却費として損金経理をした金額のうち、その取得をした日及びその種類の区分に応じ、償却費が毎年同一となる償却の方法、償却費が毎年一定の割合で逓減する償却の方法その他の政令で定める償却の方法の中からその内国法人が当該資産について選定した償却の方法に基づき政令で定めるところにより計算した金額に達するまでの金額とする。

ここでは、「償却費として損金経理をした金額」とし、法人がその確定した決算において費用又は損失として経理すること（法法２二十五）が要求され、申告調整などではできないことになっています。

その趣旨としては、平成20年２月１日の大阪地裁（平成16年（行ウ）第91ないし第93号、税務訴訟資料258号順号10883）で、「減価償却費は、法22条３項２号かっこ書において、他の費用とは異なって債務の確定を問題にしていないことからもうかがわれるとおり、法人の内部取引（すなわち、法人の意思決定自体）によって生じるものであってその金額が客観的に存在するわけではない上、それが償却限度額を下回っている限り、課税庁その他の第三者が減価償却費の計上額の存否及び多寡について介入することは想定されていないから、いかなる金額を減価償却費として計上するかを法人の最高意思決定機関である株主総会等の意思にゆだねるとともに、当該意思決定を客観的存在として確認することができる形で行うというのが損金経理を要求した法の趣旨であるからである。このような法の趣旨からすれば、償却費として損金経理をしたということができるためには、損益計算書上に償却費の科目をもって経理しなければならず、当該金額を帳簿価額から直接減算する形で貸借対照表に反映させるだけでは足りないというべきである」としています。つまり、損金経理をすることにより、法人としての意思表示をしているということが大切になります。

しかし、損金経理していればよいというのではなく、「償却費として」とありますので、「減価償却費」の勘定を使用します。例えば、冷暖房設備の取得価額を修繕費として経理した事案(平成25年５月28日非公開裁決、ＴＡＩＮＳ：Ｆ0-2-545）では、償却費として損金経理されていないとし、その全額が損金の額に算入されないと判断されています。

ただし、法人税基本通達7－5－1には「減価償却費」の科目を使用しない場合においても、損金経理したと認めるとして下記の7項目が限定列挙されています。

① 法人税法施行令54条1項《減価償却資産の取得価額》の規定により減価償却資産の取得価額に算入すべき付随費用の額のうち原価外処理をした金額
② 減価償却資産について法又は措置法の規定による圧縮限度額を超えてその帳簿価額を減額した場合のその超える部分の金額
③ 減価償却資産について支出した金額で修繕費として経理した金額のうち法人税法施行令132条《資本的支出》の規定により損金の額に算入されなかった金額

④ 無償又は低い価額で取得した減価償却資産につきその取得価額として法人の経理した金額が法人税法施行令54条1項の規定による取得価額に満たない場合のその満たない金額

⑤ 減価償却資産について計上した除却損又は評価損の金額のうち損金の額に算入されなかった金額

（注） 評価損の金額には、法人が計上した減損損失の金額も含まれることに留意する。

⑥ 少額な減価償却資産（おおむね60万円以下）又は耐用年数が3年以下の減価償却資産の取得価額を消耗品費等として損金経理をした場合のその損金経理をした金額

⑦ 法人税法施行令54条1項の規定によりソフトウエアの取得価額に算入すべき金額を研究開発費として損金経理をした場合のその損金経理をした金額

（2）租税特別措置法等の規定を適用する場合の当初申告要件と適用額の制限

① 制度の概要

法人税法の当初申告要件とは、確定申告書等（確定申告書及び仮決算の場合の中間申告書）に、適用を受けるべき金額など一定の事項を記載した場合又は一定の書類を添付した場合に限り適用される規定です。確定申告書等において制度の適用を受けていない場合には、その後、修正申告や更正の請求によって新たにこれらの制度の適用は受けることはできません。

当初申告要件は、平成23年12月に改正が行われました。中小企業投資促進税制（租税特別措置法の中小企業者等が機械等を取得した場合の法人税額の特別控除）をはじめとする租税特別措置法上の特別償却や税額控除については、引き続き当初申告要件が適用されることになっています。そのため、租税特別措置法に規定がある資産の取得に伴う特別償却や税額控除を適用する場合には、必ず、確定申告書等で適用を受けるべき金額の記載や書類の添付が必要になります。

なお、同じく平成23年12月の改正で適用額の制限の見直しも併せて行われました。控除を受けることができる正当額を計算するに当たって基礎とする事項が、確定申告書等に記載された全ての事項から、確定申告書等に添付された書類に記載された特定の事項（資産の取得価額等）に変更されました。これら確定申告書等に添付された書類に記載された特定の事項以外の事項として記載された金額に変動があった場合には、修正申告や更正の請求によりその金額を是正して適用を受ける金額を増額させることができます。

具体的には、法人税額に変動があった場合には、修正申告や更正の請求により、適用を受ける金額を増額させることができることになります。

② 具体的に争われた事例

租税特別措置法ではありませんが、東日本大震災の被災者等に係る国税関係法律の臨時特例に関する法律（以下「震災特例法」という）の規定について争われた事例を紹介します。

<裁判例・裁決例などからみるポイント>

震災特例法は、納税者に特例の適用を受けて申告するか否かを委ねているところ、特例の適用を受ける場合には、確定申告の段階でその適用を受けるべき金額を記載することや所定の書類を添付することなど、一定の手続の履行を要求することによって税額の計算の安定を確保し、もって租税法律関係の明確化を図っているものと解される。

（平成28年１月６日非公開裁決（棄却）ＴＡＩＮＳ：F0-2-625）

震災特例法17の２には、「復興産業集積区域等において機械等を取得した場合の特別償却又は法人税額の特別控除」の規定があります。Ａ社が確定申告をした後に、この規定の適用を受けようとして、別表書式による書類を添付した上で更正の請求を行ったところ、原処分庁が、法人税の確定申告書には特別控除の適用に必要な書類の添付がないなどとして更正をすべき理由がない旨の通知処分を行ったものです。

【平成28年1月6日国税不服審判所の判断の主要な論点】

・　震災特例法17条の2第2項の規定の適用を受ける場合には、同条8項において、確定申告書等に別表書式による書類を添付するという一定の手続の履行を要求する、いわゆる当初申告要件が課されており、確定申告書等に別表書式による書類を添付しないで確定申告をした場合には、修正申告又は更正の請求によって事後的に本件特別控除の適用を受けることはできないと解するのが相当である。

・　本件特別控除により控除される金額は、確定申告書等に添付された別表書式による書類に記載された当該減価償却資産の取得価額を基礎として計算した金額に限られるところ、請求人は、法人税確定申告書に別表書式による書類を添付していないから、震災特例法17条の2第8項の規定には該当せず、同条2項に規定する本件特別控除の適用を受けることはできない。

【実務上の留意点】

租税特別措置法等の規定を適用する場合には、当初申告要件が残っているものがありますので、確定申告時に漏れがないように注意しましょう。

（3）別表記載からみる申告時の留意点

次に実際の申告書作成時における留意点をみていきます。別表16（1）と16（2）、16（7）、16（8）を取り上げます。

① 旧定額法又は定額法による減価償却資産の償却額の計算に関する明細書

事業年度又は連結事業年度	・ ・ ・ ・	法人名	(　　)

別表十六(一)　平三十一・四・一以後終了事業年度又は連結事業年度分

御注意

1　この表には、減価償却資産の耐用年数、種類等及び償却方法の異なるごとにまとめて別行にして、その合計額を記載できますが、(1)当期の中途で事業の用に供した資産又は資本的支出、(2)租税特別措置法又は震災特例法による特別償却の規定の適用を受ける資産については、他の資産と区別して別行にして、記載してください。なお、(1)の資産（(2)の資産に該当するものを除きます。）の「34」欄の金額については、耐用年数、種類等及び償却方法を同じくする他の資産の金額と通算して「36」欄及び「37」欄の金額を記載できます。

2　租税特別措置法又は震災特例法による特別償却の規定の適用を受ける場合には、「特別償却限度額の計算に関する付表」を添付してください。

資産区分	種類	1					
資産区分	構造	2					
資産区分	細目	3					
資産区分	取得年月日	4	・ ・	・ ・	・ ・	・ ・	・ ・
資産区分	事業の用に供した年月	5					
資産区分	耐用年数	6	年	年	年	年	年
取得価額	取得価額又は製作価額	7	外 円	外 円	外 円	外 円	外 円
取得価額	圧縮記帳による積立金計上額	8					
取得価額	差引取得価額 (7)－(8)	9					
帳簿価額	償却額計算の対象となる期末現在の帳簿記載金額	10					
帳簿価額	期末現在の積立金の額	11					
帳簿価額	積立金の期中取崩額	12					
帳簿価額	差引帳簿記載金額 (10)－(11)－(12)	13	外△	外△	外△	外△	外△
帳簿価額	損金に計上した当期償却額	14					
帳簿価額	前期から繰り越した償却超過額	15	外	外	外	外	外
帳簿価額	合計 (13)＋(14)＋(15)	16					
当期分の普通償却限度額等 平成19年3月31日以前取得分	残存価額	17					
当期分の普通償却限度額等 平成19年3月31日以前取得分	差引取得価額×5％ (9)×5/100	18					
当期分の普通償却限度額等 平成19年3月31日以前取得分 (16)＞(18)の場合	旧定額法の償却額計算の基礎となる金額 (9)－(17)	19					
当期分の普通償却限度額等 平成19年3月31日以前取得分 (16)＞(18)の場合	旧定額法の償却率	20					
当期分の普通償却限度額等 平成19年3月31日以前取得分 (16)＞(18)の場合	算出償却額 (19)×(20)	21	円	円	円	円	円
当期分の普通償却限度額等 平成19年3月31日以前取得分 (16)＞(18)の場合	増加償却額 (21)×割増率	22	(　　)	(　　)	(　　)	(　　)	(　　)
当期分の普通償却限度額等 平成19年3月31日以前取得分 (16)＞(18)の場合	計 ((21)＋(22))又は((16)－(18))	23					
当期分の普通償却限度額等 平成19年3月31日以前取得分 (16)≦(18)の場合	算出償却額 ((18)－1円)×1/60	24					
当期分の普通償却限度額等 平成19年4月1日以後取得分	定額法の償却額計算の基礎となる金額 (9)	25					
当期分の普通償却限度額等 平成19年4月1日以後取得分	定額法の償却率	26					
当期分の普通償却限度額等 平成19年4月1日以後取得分	算出償却額 (25)×(26)	27	円	円	円	円	円
当期分の普通償却限度額等 平成19年4月1日以後取得分	増加償却額 (27)×割増率	28	(　　)	(　　)	(　　)	(　　)	(　　)
当期分の普通償却限度額等 平成19年4月1日以後取得分	計 (27)＋(28)	29					
当期分の償却限度額	当期分の普通償却限度額等 (23)、(24)又は(29)	30					
当期分の償却限度額 特別償却又は割増償却による特別償却限度額	租税特別措置法適用条項	31	(　条　項)	(			項)
当期分の償却限度額 特別償却又は割増償却による特別償却限度額	特別償却限度額	32	外 円	外			円
当期分の償却限度額	前期から繰り越した特別償却不足額又は合併等特別償却不足額	33					
当期分の償却限度額	合計 (30)＋(32)＋(33)	34					
当期償却額		35					
差引	償却不足額 (34)－(35)	36					
差引	償却超過額 (35)－(34)	37					
償却超過額	前期からの繰越額	38	外	外			
償却超過額 当期損金認容額	償却不足によるもの	39					
償却超過額 当期損金認容額	積立金取崩しによるもの	40					
償却超過額	差引合計翌期への繰越額 (37)＋(38)－(39)－(40)	41					
特別償却不足額	翌期に繰り越すべき特別償却不足額 (((36)－(39))と((32)＋(33))のうち少ない金額)	42					
特別償却不足額	当期において切り捨てる特別償却不足額又は合併等特別償却不足額	43					
特別償却不足額	差引翌期への繰越額 (42)－(43)	44					
特別償却不足額 翌期への繰越額の内訳	・ ・ ・ ・	45					
特別償却不足額 翌期への繰越額の内訳	当期分不足額	46					
適格組織再編成により引き継ぐべき合併等特別償却不足額	(((36)－(39))と(32)のうち少ない金額)	47					
備考							

①貸借対照表の資産の額と合致していますか。

②特別償却の付表の添付はありますか。税額控除との重複適用はしていませんか。

③損益計算書の減価償却費の金額と合致していますか。

④別表４加算欄６「減価償却の償却超過額」で加算（留保）していますか。

⑤当期に償却不足額がある場合で、前期からの償却超過額があるときは、その償却不足額までは認容されます。その認容額は、別表４減算欄12「減価償却超過額の当期認容額」で減算（留保）していますか。

⑥別表５（１）④「差引翌期首現在利益積立金額」の減価償却超過額の金額と合致していますか。

別表十六(二)　平三十一・四・一以後終了事業年度又は連結事業年度分

① 旧定率法又は定率法による減価償却資産の償却額の計算に関する明細書

事業年度又は連結事業年度	・　・ ・　・	法人名	(　　　)

資産区分	種類	1					
資産区分	構造	2					
資産区分	細目	3					
資産区分	取得年月日	4	・　・	・　・	・　・	・　・	・　・
資産区分	事業の用に供した年月	5					
資産区分	耐用年数	6	年	年	年	年	年
取得価額	取得価額又は製作価額	7	外　円	外　円	外　円	外　円	外　円
取得価額	圧縮記帳による積立金計上額	8					
取得価額	差引取得価額 (7)−(8)	9					
償却額計算の基礎となる額	償却額計算の対象となる期末現在の帳簿記載金額	10					
償却額計算の基礎となる額	期末現在の積立金の額	11					
償却額計算の基礎となる額	積立金の期中取崩額	12					
償却額計算の基礎となる額	差引帳簿記載金額 (10)−(11)−(12)	13	外△	外△	外△	外△	外△
償却額計算の基礎となる額	損金に計上した当期償却額	14					
償却額計算の基礎となる額	前期から繰り越した償却超過額	15	外	外	外	外	外
償却額計算の基礎となる額	合計 (13)＋(14)＋(15)	16					
償却額計算の基礎となる額	前期から繰り越した特別償却不足額又は合併等特別償却不足額	17					
償却額計算の基礎となる額	償却額計算の基礎となる金額 (16)−(17)	18					
当期分の普通償却限度額等（平成19年3月31日以前取得分）	差引取得価額×5％ $(9)\times\frac{5}{100}$	19					
当期分の普通償却限度額等（平成19年3月31日以前取得分）(16)＞(19)の場合	旧定率法の償却率	20					
当期分の普通償却限度額等（平成19年3月31日以前取得分）(16)＞(19)の場合	算出償却額 (18)×(20)	21	円	円	円	円	円
当期分の普通償却限度額等（平成19年3月31日以前取得分）(16)＞(19)の場合	増加償却額 (21)×割増率	22	(　　)	(　　)	(　　)	(　　)	(　　)
当期分の普通償却限度額等（平成19年3月31日以前取得分）(16)＞(19)の場合	計 ((21)＋(22))又は((18)−(19))	23					
当期分の普通償却限度額等（平成19年3月31日以前取得分）(16)≦(19)の場合	算出償却額 ((19)−1円)×$\frac{\ }{60}$	24					
当期分の普通償却限度額等（平成19年4月1日以後取得分）	定率法の償却率	25					
当期分の普通償却限度額等（平成19年4月1日以後取得分）	調整前償却額 (18)×(25)	26	円	円	円	円	円
当期分の普通償却限度額等（平成19年4月1日以後取得分）	保証率	27					
当期分の普通償却限度額等（平成19年4月1日以後取得分）	償却保証額 (9)×(27)	28	円	円	円	円	円
当期分の普通償却限度額等（平成19年4月1日以後取得分）(26)＜(28)の場合	改定取得価額	29					
当期分の普通償却限度額等（平成19年4月1日以後取得分）(26)＜(28)の場合	改定償却率	30					
当期分の普通償却限度額等（平成19年4月1日以後取得分）(26)＜(28)の場合	改定償却額 (29)×(30)	31	円	円	円	円	円
当期分の普通償却限度額等（平成19年4月1日以後取得分）	増加償却額 ((26)又は(31))×割増率	32	(　　)	(　　)	(　　)	(　　)	(　　)
当期分の普通償却限度額等（平成19年4月1日以後取得分）	計 ((26)又は(31))＋(32)	33					
当期分の償却限度額	当期分の普通償却限度額等 (23)、(24)又は(33)	34					
当期分の償却限度額（特別償却又は割増償却による特別償却限度額）	租税特別措置法適用条項	35	(　条　項)	(			項)
当期分の償却限度額（特別償却又は割増償却による特別償却限度額）	特別償却限度額	36	外　円	外			円
当期分の償却限度額	前期から繰り越した特別償却不足額又は合併等特別償却不足額	37					
当期分の償却限度額	合計 (34)＋(36)＋(37)	38					
当期償却額		39					
差引	償却不足額 (38)−(39)	40					
差引	償却超過額 (39)−(38)	41					
償却超過額	前期からの繰越額	42	外	外			
償却超過額（当期損金認容額）	償却不足によるもの	43					
償却超過額（当期損金認容額）	積立金取崩しによるもの	44					
償却超過額	差引合計翌期への繰越額 (41)＋(42)−(43)−(44)	45					
特別償却不足額	翌期に繰り越すべき特別償却不足額 (((40)−(43))と((36)＋(37))のうち少ない金額)	46					
特別償却不足額	当期において切り捨てる特別償却不足額又は合併等特別償却不足額	47					
特別償却不足額	差引翌期への繰越額 (46)−(47)	48					
特別償却不足額（翌期への繰越額の内訳）	・　・ ・　・	49					
特別償却不足額（翌期への繰越額の内訳）	当期分不足額	50					
適格組織再編成により引き継ぐべき合併等特別償却不足額	(((40)−(43))と(36)のうち少ない金額)	51					

備考

① 貸借対照表の資産の額と合致していますか。

② 特別償却の付表の添付はありますか。税額控除との重複適用はしていませんか。

③ 損益計算書の減価償却費の金額と合致していますか。

④ 別表4加算欄6「減価償却の償却超過額」で加算（留保）していますか。

⑤ 当期に償却不足額がある場合で、前期からの償却超過額があるときは、その償却不足額までは認容されます。その認容額は、別表4減算欄12「減価償却超過額の当期認容額」で減算（留保）していますか。

⑥ 別表5（1）④「差引翌期首現在利益積立金額」の減価償却超過額の金額と合致していますか。

御注意

1　この表には、減価償却資産の耐用年数、種類等及び償却方法の異なるごとにまとめて別行にして、その合計額を記載できますが、(1)平成19年4月1日以後に取得をされた資産で定率法の適用を受けるもの、(2)当期の中途で事業の用に供した資産又は資本的支出、(3)租税特別措置法又は震災特例法による特別償却の規定の適用を受ける資産については、他の資産と区別して別行にして、記載してください。なお、(1)及び(2)の資産（(3)の資産に該当するものを除きます。）の「38」欄の金額については、耐用年数、種類等及び償却方法を同じくする他の資産の金額と通算して「40」欄及び「41」欄の金額を記載できます。

2　租税特別措置法又は震災特例法による特別償却の規定の適用を受ける場合には、「特別償却限度額の計算に関する付表」を添付してください。

①

少額減価償却資産の取得価額の損金算入の特例に関する明細書

事業年度又は連結事業年度	・ ・ ・ ・	法人名	( )

別表十六(七)　平三十一・四・一以後終了事業年度又は連結事業年度分

御注意

この表は、資産の取得価額が30万円未満であるものについて、少額減価償却資産の取得価額の損金算入の特例（租税特別措置法第67条の5又は第68条の102の2）の適用を受ける場合に御使用ください。また、この場合に、その適用を受ける資産の取得価額の合計額である「8」欄の金額は、300万円（当期が1年に満たない場合には、300万円を12で除し、これに当期の月数を乗じて計算した金額）が限度となりますので御注意ください。

資産区分	種類	1					
	構造	2					
	細目	3					
	事業の用に供した年月	4					
取得価額	取得価額又は製作価額	5	円	円	円	円	円
	法人税法上の圧縮記帳による積立金計上額	6					
	差引改定取得価額 (5)－(6)	7					
資産区分	種類	1					
	構造	2					
	細目	3					
	事業の用に供した年月	4					
取得価額	取得価額又は製作価額	5	円	円	円	円	円
	法人税法上の圧縮記帳による積立金計上額	6					
	差引改定取得価額 (5)－(6)	7					
資産区分	種類	1					
	構造	2					
	細目	3					
	事業の用に供した年月	4					
取得価額	取得価額又は製作価額	5	円	円	円	円	円
	法人税法上の圧縮記帳による積立金計上額	6					
	差引改定取得価額 (5)－(6)	7					
当期の少額減価償却資産の取得価額の合計額 ((7)の計)		8				円	

① この事業年度内に事業の用に供していますか。

② 取得価額は30万円未満ですか。

③ 300万円以下となっていますか。また、事業年度が1年に満たない場合には、300万円÷12×事業年度の月数を超えていませんか。

① 一括償却資産の損金算入に関する明細書

事業年度 ・ ・)

別表十六(八) 平三十一・四・一以後終了事業年度又は連結事業年度分

事業の用に供した事業年度又は連結事業年度		1	・ ・ ・ ・	・ ・ ・ ・	・ ・ ・ ・	・ ・ ・ ・	・ ・ ・ ・	(当期分)
同上の事業年度又は連結事業年度において事業の用に供した一括償却資産の取得価額の合計額		2	円	円	円	円	円	円
当期の月数 (事業の用に供した事業年度の中間申告又は連結事業年度の連結中間申告の場合は、当該事業年度又は連結事業年度の月数)		3	月	月	月	月	月	月
当期分の損金算入限度額 (2) × (3)/36		4	円	円	円	円	円	円
当期損金経理額		5						
差引	損金算入不足額 (4) − (5)	6						
	損金算入限度超過額 (5) − (4)	7						
損金算入限度超過額	前期からの繰越額	8						
	同上のうち当期損金認容額 ((6)と(8)のうち少ない金額)	9						
	翌期への繰越額 (7) + (8) − (9)	10						

① 前期の「2」欄の金額と合致していますか。

② 期中に取得したものは、月数の按分はしていませんか。

③ 別表4加算欄6「減価償却の償却超過額」で加算していますか。

④ 前期の「10」欄の金額と合致していますか。

⑤ 別表4減算欄12「減価償却超過額の当期認容額」で減算していますか。

⑥ 合計額が別表5（1）の期末残高と合致していますか。

（※）一括償却資産の全部又は一部に除却等を行った場合でも３年間償却は続けなければなりません。除却損などを計上してはいませんか。

別表四

平三十一・四・一以後終了事業年度分

所得の金額の計算に関する明細書

事業年度	・ ・ ・ ・	法人名	

御注意

「47」の「①」欄の金額は、「②」欄の金額に「③」欄の本書の金額を加算し、これから「※」の金額を加減算した額と符合することになりますから留意してください。

区	分		総額 ①	処分 留保 ②	処分 社外流出 ③	
当期利益又は当期欠損の額		1	円	円	配当 その他	円
加算	損金経理をした法人税及び地方法人税（附帯税を除く。）	2				
加算	損金経理をした道府県民税及び市町村民税	3				
加算	損金経理をした納税充当金	4				
加算	損金経理をした附帯税（利子税を除く。）、加算金、延滞金（延納分を除く。）及び過怠税	5			その他	
加算	減価償却の償却超過額	6				
加算	役員給与の損金不算入額	7			その他	
加算	交際費等の損金不算入額	8				
加算		9				
加算		10				
加算	小計	11				
減算	減価償却超過額の当期認容額	12				
減算	納税充当金から支出した事業税等の金額	13				
減算	受取配当等の益金不算入額 (別表八(一)「13」又は「26」)	14				
減算	外国子会社から受ける剰余金の配当等の益金不算入額 (別表八(二)「26」)	15				
減算	受贈益の益金不算入額	16				
減算	適格現物分配に係る益金不算入額	17			※	
減算	法人税等の中間納付額及び過誤納に係る還付金額	18				
減算	所得税額等及び欠損金の繰戻しによる還付金額等	19			※	
減算		20				
減算	小計	21			外※	
仮計 (1)＋(11)－(21)		22			外※	
関連者等に係る支払利子等の損金不算入額 (別表十七(二の二)「24」又は「29」)		23			その他	
超過利子額の損金算入額 (別表十七(二の三)「10」)		24	△		※	△
仮計 ((22)から(24)までの計)		25			外※	
被合併法人等の最終の事業年度の欠損金の損金算入額		26	△		※	△
寄附金の損金不算入額 (別表十四(二)「24」又は「40」)		27			その他	
沖縄の認定法人又は国家戦略特別区域における指定法人の所得の特別控除額(別表十(一)「9」若しくは「13」又は別表十(二)「8」)		28	△		※	△
法人税額から控除される所得税額 (別表六(一)「6の③」)		29			その他	
税額控除の対象となる外国法人税の額 (別表六(二の二)「7」)		30			その他	
分配時調整外国税相当額及び外国関係会社等に係る控除対象所得税額等相当額(別表六(五の二)「5の②」＋別表十七(三の十二)「1」)		31			その他	
組合等損失額の損金不算入額又は組合等損失超過合計額の損金算入額 (別表九(二)「10」)		32				
対外船舶運航事業者の日本船舶による収入金額に係る所得の金額の損金算入額又は益金算入額(別表十(四)「20」、「21」又は「23」)		33			※	
合計 (25)＋(26)＋(27)＋(28)＋(29)＋(30)＋(31)＋(32)±(33)		34			外※	
契約者配当の益金算入額 (別表九(一)「13」)		35				
特定目的会社等の支払配当又は特定目的信託に係る受託法人の利益の分配等の損金算入額 (別表十(七)「13」、別表十(八)「11」又は別表十(九)「16」若しくは「33」)		36	△	△		
中間申告における繰戻しによる還付に係る災害損失欠損金額の益金算入額		37			※	
非適格合併又は残余財産の全部分配等による移転資産等の譲渡利益額又は譲渡損失額		38			※	
差引計 ((34)から(38)までの計)		39			外※	
欠損金又は災害損失金等の当期控除額 (別表七(一)「4の計」＋ (別表七(二)「9」若しくは「21」又は別表七(三)「10」))		40	△		※	△
総計 (39)＋(40)		41			外※	
新鉱床探鉱費又は海外新鉱床探鉱費の特別控除額 (別表十(三)「43」)		42	△		※	△
農業経営基盤強化準備金積立額の損金算入額 (別表十二(十三)「10」)		43	△	△		
農用地等を取得した場合の圧縮額の損金算入額 (別表十二(十三)「43の計」)		44	△	△		
関西国際空港用地整備準備金積立額、中部国際空港整備準備金積立額又は再投資等準備金積立額の損金算入額(別表十二(十)「15」、別表十二(十一)「10」又は別表十二(十四)「12」)		45	△	△		
残余財産の確定の日の属する事業年度に係る事業税の損金算入額		46	△	△		
所得金額又は欠損金額		47			外※	

①
別表16（1）「37」欄、別表16（2）「41」欄、別表16（8）「7」欄に金額が記載されている場合、同じ金額が入ります。

②
別表16（1）「39」欄、別表16（2）「43」欄、別表16（8）「9」欄に金額が記載されている場合、同じ金額が入ります。

別表五(一)　平三十一・四・一以後終了事業年度分

利益積立金額及び資本金等の額の計算に関する明細書

事業年度	・・ ・・	法人名	

Ⅰ　利益積立金額の計算に関する明細書

区分		期首現在利益積立金額 ①	当期の増減 減 ②	当期の増減 増 ③	差引翌期首現在利益積立金額 ①−②+③ ④
利益準備金	1	円	円	円	円
積立金	2				
減価償却超過額	3				
	4				
	5				
	6				
	7				
	8				
	9				
	10				
	11				
	12				
	13				
	14				
	15				
	16				
	17				
	18				
	19				
	20				
	21				
	22				
	23				
	24				
	25				
繰越損益金（損は赤）	26				
納税充当金	27				
未納法人税等（退職年金等積立金に対するものを除く。） 未納法人税及び未納地方法人税（附帯税を除く。）	28	△	△	中間 △ 確定 △	△
未納法人税等（退職年金等積立金に対するものを除く。） 未納道府県民税（均等割額を含む。）	29	△	△	中間 △ 確定 △	△
未納法人税等（退職年金等積立金に対するものを除く。） 未納市町村民税（均等割額を含む。）	30	△	△	中間 △ 確定 △	△
差引合計額	31				

別表16（1）「41」欄、別表16（2）「45」欄、別表16（8）「10」欄に金額が記載されている場合、同じ金額が入ります。

Ⅱ　資本金等の額の計算に関する明細書

区分		期首現在資本金等の額 ①	当期の増減 減 ②	当期の増減 増 ③	差引翌期首現在資本金等の額 ①−②+③ ④
資本金又は出資金	32	円	円	円	円
資本準備金	33				
	34				
	35				
差引合計額	36				

御注意

1　この表は、通常の場合には次の算式により検算ができます。
期首現在利益積立金額合計「31」① ＋ 別表四留保所得金額又は欠損金額「47」 − 中間分、確定分法人税県市民税の合計額 ＝ 差引翌期首現在利益積立金額合計「31」④

2　発行済株式又は出資のうちに二以上の種類の株式がある場合には、法人税法施行規則別表五(一)付表（別表五(一)付表）の記載が必要となりますので御注意ください。

(4) 固定資産台帳における建物等の償却方法のチェックポイント

ここでは、固定資産台帳のチェックポイントを確認します。特に、建物や建物附属設備、構築物の資産を所有している場合には、いくつか留意点があります。

固定資産台帳

資産コード	資産名	数量	償却方法	取得使用	取得価額	耐用年数
	【建物】					
2101-01	工場	1	旧定率法	S63.12.01	30,000,000	38
2101-02	工場（増築）	1	旧定額法	H11.03.08	15,000,000	38
	【構築物】					
2103-01	工場(駐車場)	1	定額法	H29.01.29	8,000,000	10

〈固定資産台帳における建物等の償却方法のチェックポイント〉

① 平成10年４月１日以後取得の建物については、旧定率法・定率法は適用していませんか。

② 平成10年４月１日以後取得の建物に対する内部造作の資本的支出については、建物と同じ旧定額法又は定額法で償却すべきですが、誤って定率法を適用していませんか。

③ 平成28年４月１日以後取得の建物附属設備・構築物について、定率法を使用していませんか。

(「申告審理のチェックポイント」(大阪国税局) を基に作成、ＴＡＩＮＳ：H291100申告審理チェック大阪)

8

高額な資産を取得した場合

高額な資産を取得した場合には、消費税法上、免税事業者になれないなどの規定があり注意が必要です。

これまで、資産を取得した際の減価償却計算上の留意する項目を確認してきました。ここでは、減価償却計算から離れ、消費税法上の取扱いを見ていきます。

消費税法では、税抜き100万円以上の資産を取得した際には、別途規定が設けられています。これを考慮しないでいると、思わぬ消費税の納税に見舞われる可能性がありますので、資産の取得とともに、消費税についても検討する必要があります。

棚卸資産以外の資産で、建物及びその附属設備、構築物、機械及び装置、船舶、航空機、車両及び運搬具、工具、器具及び備品、鉱業権その他の資産で、一の取引単位の価額(税抜き価額)が100万円以上のものを調整対象固定資産といいます（消法２①十六、消令５）。

また、一の取引の単位につき、課税仕入れに係る支払対価の額(税抜き)が１,000万円以上の棚卸資産又は調整対象固定資産については、高額特定資産といいます（消法12の４①、消令25の５①)。

それぞれの取扱いは下記のようになっています。

（1）調整対象固定資産を取得した場合

調整対象固定資産を取得した場合には、２点注意することがあります。それは、事業者免税点制度の制限並びに届出書提出の制限と仕入税額控除の調整です。

①　事業者免税点制度の制限並びに届出書提出の制限

消費税課税事業者選択届出書を提出した事業者は、その規定の適用を受けている課税期間中に国内で調整対象固定資産の課税仕入れ又は調整対象固定資産に該当する課税貨物の保税地域からの引取りを行った場合には、事業を廃止した場合を除き、その調整対象固定資産の仕入れ等の日の属する課税期間の初日から３年を経過する日の属する課税期間の初日以後でなければ、消費税課税事業者の選択の適用を受けることをやめようとする届出書（消法９⑦）並びに簡易課税を選択する届出書（消法37③一）も提出することができません。

また、事業年度開始の日における資本金の額又は出資の金額が1,000万円以上である新設法人で、基準期間がない事業年度中に調整対象固定資産の仕入れ等を行った場合も、その新設法人の調整対象固定資産の仕入れ等の日の属する課税期間からその課税期間の初日以後３年を経過する日の属する課税期間までの各課税期間における課税資産の譲渡等については、基準期間における課税売上が1,000万円以下である事業者に認められる納税義務の免除の規定は、適用できません（消法12の２②）。同じく、簡易課税を選択する届出書（消法37③二）も提出することができません。

②　仕入税額控除の調整

事業者（免税事業者を除く）が国内で調整対象固定資産の課税仕入れを行い、かつ、その課税仕入れ等につき比例配分法により仕入れに係る消費税額を計算した場合に、その課税売上割合がその者のその取得した日の属する課税期間以後３年間の通算課税売上割合と比較して著しく減少又は著しく増加した場合には、第３年度の課税期間において仕入れに係る消費税額の調整が必要になります（消法33①）。

（2）高額特定資産を取得した場合

高額特定資産を取得した場合も、調整対象固定資産と同様に、事業者免税点制度の制限並びに届出書提出の制限があります。

① 高額特定資産を取得した場合

事業者（免税事業者を除く）が、課税事業者を選択した又は簡易課税制度の適用を受けない課税期間中に国内における高額特定資産の課税仕入れ又は高額特定資産に該当する課税貨物の保税地域からの引取りを行った場合には、その高額特定資産の仕入れ等の日の属する課税期間の翌課税期間からその高額特定資産の仕入れ等の日の属する課税期間の初日以後３年を経過する日の属する課税期間までの各課税期間における課税資産の譲渡等については、基準期間における課税売上高が1,000万円以下である事業者に認められる納税義務の免除の規定は適用できません（消法12の４①）。同じく、簡易課税を選択する届出書（消法37③三）も提出することができません。

② 自ら高額特定資産を建設、製作又は製造した場合

自ら建設、製作又は製造した高額特定資産を「自己建設高額特定資産」といいます。

事業者（免税事業者を除く）が、課税事業者を選択した又は簡易課税制度の適用を受けない課税期間中に自己建設高額特定資産の仕入れを行った場合には、その自己建設高額特定資産の建設等に要した仕入れ等の支払対価の額（事業者免税点制度及び簡易課税制度の適用を受けない課税期間において行った原材料費及び経費に係るものに限る）の累計額が１,000万円以上となった日の属する課税期間の翌課税期間からその自己建設高額特定資産の建設等が完了した日の属する課税期間の初日以後３年を経過する日の属する課税期間までの各課税期間における課税資産の譲渡等については、基準期間における課税売上高が１,000万円以下である事業者に認められる納税義務の免除の規定は適用でき

ません（消法12の４①)。同じく、簡易課税を選択する届出書（消法37③三）も提出することができません。

【実務上の留意点】

税抜で100万円以上の資産を取得する場合には、必ず消費税の検討が必要になりますし、消費税申告の管理も必要になります。

実際に、新設法人で設立第１期目に調整対象固定資産を取得し、第３期に基準期間の課税売上高が１,000万円以下であるために、第３期の消費税の申告書を期限後申告したケースでは、無申告加算税が賦課された事例（平成30年５月29日非公開裁決（棄却）Ｆ0-5-231）もあります。

第 II 章

減価償却資産の保有時の税務

減価償却資産を保有している際に発生する問題は２つあります。それは、資産を修理等した場合と毎年の償却資産税の申告です。

1

資本的支出と修繕費

資本的支出と修繕費の区分は、まずは、内容（使用可能期間延長か価値を増加させたか）で判断します。

保有している資産について、壊れたなどとして取り替える・直すなどの修繕をすることがあります。税法では、修繕といっても、その修繕の内容により支出額を「資本的支出」と「修繕費」に分けなければなりません。「修繕費」に該当する場合には、一時の損金の額に算入することになり、「資本的支出」に該当した場合には、その支出した金額を取得価額として新たな資産を取得としたものと取り扱います（法令55①）。

＜修繕費と資本的支出＞

修繕により支出した金額
- 修繕費（損金の額に算入）
- 資本的支出（新たな資産の取得として減価償却）

法人税法上は、修繕費の規定はありませんが、資本的支出は法人税法施行令に規定があります。

132条

内国法人が、修理、改良その他いずれの名義をもつてするかを問わず、その有する固定資産について支出する金額で次に掲げる金額に該当するものは、その内国法人のその支出する日の属する事業年度の所得の金額の計算上、損金の額に算入しない。

一　当該支出する金額のうち、その支出により、当該資産の取得の時において当該資産につき通常の管理又は修理をするものとした場合に予測される当該資産の使用可能期間を延長させる部分に対応する金額

二　当該支出する金額のうち、その支出により、当該資産の取得の時において当

該資産につき通常の管理又は修理をするものとした場合に予測されるその支出の時における当該資産の価額を増加させる部分に対応する金額

55条

内国法人が有する減価償却資産について支出する金額のうちに第132条（資本的支出）の規定によりその支出する日の属する事業年度の所得の金額の計算上損金の額に算入されなかつた金額がある場合には、当該金額を前条第１項の規定による取得価額として、その有する減価償却資産と種類及び耐用年数を同じくする減価償却資産を新たに取得したものとする。

法人税法施行令132条には、その資産の取得の時に通常の管理又は修理をするものとして考えた場合に予想される、①使用可能期間を延長させる部分、②価値を増加させる部分に対応する金額は損金の額（修繕費）とせず、資本的支出とするとあります。そして同55条１項において、その資本的支出部分については、その金額を取得価額として、その有する既存の減価償却資産（以下「旧減価償却資産」という）と種類及び耐用年数を同じくする新たな減価償却資産（以下「追加償却資産」という）を取得したとして処理するということになります。

しかし、実務上の問題としては、この使用可能期間を延長させる部分と価値を増加させる部分が明確に分からないということがあります。

その際の判断基準としては、通達や裁判例などを参考にし、具体的にどのような修繕が行われたのか、現物の確認と請求書又は見積書に添付される工事内容内訳書などの資料等により判断することとなります。後日行われる調査のために、判断の証拠として、修繕前の資産の写真等を保存することも必要になるでしょう。

（１）資本的支出と修繕費の例示と判断基準

資本的支出と修繕費についての基本通達の規定をまとめると、次頁のフローチャートのようになります。

〈資本的支出と修繕費の判断基準のフローチャート〉

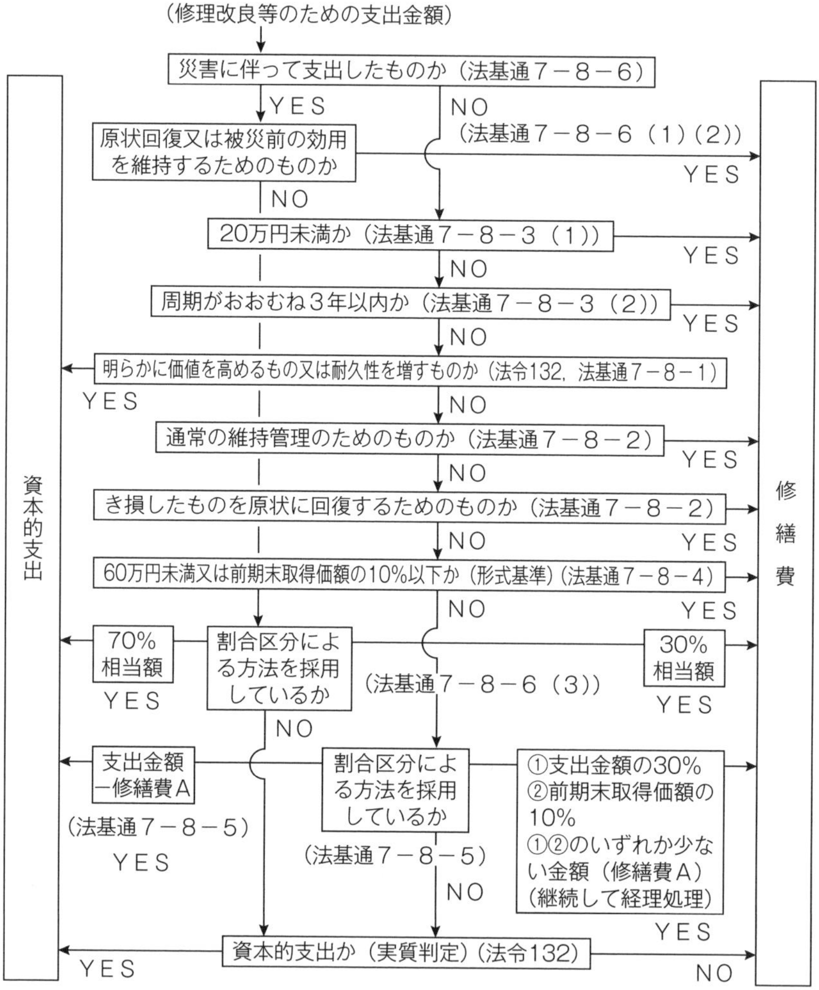

（ＴＡＩＮＳ：法人事例001801より）

このフローチャートは、実務上はよく使用されるものですが、気を付けなければならない点があります。金額については簡便的な形式基準が設けられていますが、基本的には「明らかに」資本的支出に該当するものであれば、それは資本的支出となるということです。60万円や支出した金額の30％相当額などは、あくまでも資本的支出なのか修繕費なのかが「明らかでない金額がある場合」に限られています。

また、法人税基本通達７－８－５にある支出金額の30％相当額と前期末の取得価額の10％相当額の少ない方を修繕費として処理する場合は、「継続して」経理処理するということが条件となっています。ここでいう取得価額とは、帳簿価額ではなく、資本的支出があった場合にはその価額を含むことにも注意が必要です（法基通７－８－４（２）注書き）。

なお、法人税基本通達７－８－１では、資本的支出の例示として、下記の３つが挙げられています。

> **７－８－１（資本的支出の例示）**
> 法人がその有する固定資産の修理、改良等のために支出した金額のうち当該固定資産の価値を高め、又はその耐久性を増すこととなると認められる部分に対応する金額が資本的支出となるのであるから、例えば次に掲げるような金額は、原則として資本的支出に該当する。
> （１）　建物の避難階段の取付等物理的に付加した部分に係る費用の額
> （２）　用途変更のための模様替え等改造又は改装に直接要した費用の額
> （３）　機械の部分品を特に品質又は性能の高いものに取り替えた場合のその取替えに要した費用の額のうち通常の取替えの場合にその取替えに要すると認められる費用の額を超える部分の金額
> （注）　建物の増築、構築物の拡張、延長等は建物等の取得に当たる。

これをみると（**１**）の物理的に付加した部分などが資本的支出に該当するというのは分かりますが、（**３**）の機械の部品のように「通常の取替え」とは、どこまでのことをいうのか分かりづらいように思われます。

（**２**）「用途変更のための模様替え等」とは、その資産の利用の内容変更をいい、例えば、次のような場合が該当します（ＴＡＩＮＳ：法人事例001832）。

①　倉庫用建物を事務所用に改造する場合

②　客船を貨物船に改装する場合

③　バーを喫茶店に改装する場合

④　普通倉庫を冷蔵倉庫に改造する場合

また、修繕費については、法人税基本通達７－８－２の例示がありますが、実務上の参考となるものとしては、旧法人税基本通達235があります。既にこの通達は廃止されていますが、考え方そのものは現在でも変わっていませんので参考になるものです。

７－８－２（修繕費に含まれる費用）

法人がその有する固定資産の修理、改良等のために支出した金額のうち当該固定資産の通常の維持管理のため、又はき損した固定資産につきその原状を回復するために要したと認められる部分の金額が修繕費となるのであるが、次に掲げるような金額は、修繕費に該当する。

（１）　建物の移えい又は解体移築をした場合（移えい又は解体移築を予定して取得した建物についてした場合を除く。）におけるその移えい又は移築に要した費用の額。ただし、解体移築にあっては、旧資材の70％以上がその性質上再使用できる場合であって、当該旧資材をそのまま利用して従前の建物と同一の規模及び構造の建物を再建築するものに限る。

（２）　機械装置の移設（７－３－12《集中生産を行う等のための機械装置の移設費》の本文の適用のある移設を除く。）に要した費用（解体費を含む。）の額

（３）　地盤沈下した土地を沈下前の状態に回復するために行う地盛りに要した費用の額。ただし、次に掲げる場合のその地盛りに要した費用の額を除く。

イ　土地の取得後直ちに地盛りを行った場合

ロ　土地の利用目的の変更その他土地の効用を著しく増加するための地盛りを行った場合

ハ　地盤沈下により評価損を計上した土地について地盛りを行った場合

（４）　建物、機械装置等が地盤沈下により海水等の浸害を受けることとなったために行う床上げ、地上げ又は移設に要した費用の額。ただし、その床上工事等が従来の床面の構造、材質等を改良するものである等明らかに改良工事であると認められる場合のその改良部分に対応する金額を除く。

（５）　現に使用している土地の水はけを良くする等のために行う砂利、砕石等の敷設に要した費用の額及び砂利道又は砂利路面に砂利、砕石等を補充するために要した費用の額

（旧法人税基本通達235）

次に掲げるようなことのために支出した金額は、令第132条の規定を適用して資本的支出と修繕費の区分計算をしないで、その全額を修繕費と認めるものとする。

ただし、自己の使用に供する等のため他から購入した固定資産について支出した金額又は現に使用していなかった資産について新たに使用するために支出した金額は、修繕費としない。

（１）家屋又は壁の塗替

（２）家屋の床のき損部分の取替

（3）家屋の畳の表替
（4）き損した瓦の取替
（5）き損したガラスの取替又は障子、襖の張替
（6）ベルトの取替
（7）自動車のタイヤの取替

次に、資産別に具体的にどのようなものが資本的支出となるのか、裁判例等も織り交ぜながら説明します。

（2）裁判例・裁決例などからみる資産別の資本的支出と修繕費の区分

①　建物

（ア）屋上の防水工事、外壁塗装工事

外壁塗装工事については、旧法人税基本通達235により、建物の通常維持管理のための支出として基本的に修繕費となると考えられます。

一方、雨漏りなどにより、屋上の防水工事などを行うことがあります。金額として高額になることもありますが、こちらは、修繕費となるでしょうか。

<裁判例・裁決例などからみるポイント>

単にその資産の通常の効用を維持させるため補修を行った場合の費用については、資本的支出には該当しないと解されている。

（平成13年9月20日非公開裁決（一部取消し）TAINS：F0-2-119）

この事案は、A社が所有する3つの建物について、それぞれ屋根雨漏り防止工事を行い、これらを全て修繕費として処理していたところ、原処分庁よりこれら工事費用は、通常の維持管理のため、又はき損した固定資産につきその原状を回復するために支出した費用とは認められず、資本的支出に該当するとして、法人税の各更正処分を受けたものです。

建物名	建物の構造	工事の内容	工事金額 （単位：円）
本社倉庫	鉄骨造スレート葺２階建／鉄骨造カラートタン葺３階建	カラートタンで屋根を覆い被せた工事(屋根カバー工法)	14,500,000
流通センター	鉄骨造陸屋根７階建	陸屋根の上に鉄骨を組みアルミトタンで屋根を葺いた工事（折板屋根工事）	10,935,239
Ａビル	鉄骨造陸屋根５階建	陸屋根の上に鉄骨を組みカラー鉄板で屋根を葺いた工事（折板屋根工事）	21,714,286

国税不服審判所は、本社倉庫について行った工事は、資本的支出であると判断しましたが、流通センターとＡビルに対し行った工事については、全額を修繕費と認めています。

【平成13年９月20日国税不服審判所の判断の主要な論点】

・　本社倉庫に係る工事は、屋根の20箇所以上の亀裂から雨漏りが発生したもので、その亀裂に対して個別に修理ができたにもかかわらず、その屋根の上にカラートタンで屋根全体を覆い被せた屋根カバー工法により工事を行ったものであり、耐用年数の到来が近い屋根を新たにカラートタンで覆う工事は、屋根の耐用年数を延長する工事と認められ、単に雨漏りする箇所のみを修繕する応急的な修復工事、すなわち、単にその資産の通常の効用を維持させるための補修とは認められない。

・　流通センター及びＡビルに係る工事は、各建物の屋根がそれぞれ陸屋根造りであり、陸屋根の特定できない部分からの雨漏りのため、陸屋根の上に鉄骨を組みアルミトタン又はカラー鉄板の屋根で覆った折板屋根工事による防水工事である。流通センター及びＡビルに係る工事は応急的に行なわれたものであり、この工法が雨漏りを防ぐ一番安価な方法であったことが認められ、さらに、過去何度となく補修工事を行っていたにもかかわらず雨漏りが続いていたこと等を考慮すると、請求人が施工した陸屋根全体を覆う防水工事は、建物の維持管理のための措置であったと認められる。

【実務上の留意点】

３つの建物とも雨漏りが現に発生し、それを修理するために行われたものでありますが、結果として判断は分かれています。本社倉庫に行った工事については、屋根の耐用年数を延長する工事であって、通常の維持管理の補修とは認められませんでした。

判断の要因としては、そもそもの建物の構造が違っていたということが挙げられます。修繕費として認められた２つの建物について、陸屋根造りであり、雨漏りの部分が特定できなかったために、屋根全体の補修工事を行ったといえます。

同様に、鉄筋コンクリート造陸屋根平屋建の賃貸用建物の屋上の屋根に断熱防水工事を行った事案では、修繕費に該当すると判断をしています（昭和63年10月25日裁決（一部取消し）ＴＡＩＮＳ：F0-2-780)。この裁決では、①建築後約25年が経過し、屋根、軒及び外壁等の相当部分に欠落兆候が生じかなり危険な状態になっていた、②老朽化が著しく、屋根の亀裂及び凹凸等の劣化部分から雨漏りが生じやむなく防水処理を行った、③部分的な補修では原状を維持することは不可能であり、全面的補修を余儀なくされた、④軽量で安価な防水膜使用による工法によったもの、⑤建物の劣化が著しいため、防水シートのみを使用する防水工事では、所期の目的を達することができないことから、防水シートの下地面にポリエチレンフォームをラミネートしたものを使用する防水工事によったものであることなど、細かく工事の目的、その工法の合理性などを考慮し、単なる原状回復のためになされた工事として修繕費として処理することが認められました。

所得税の事案ですが、屋上の既存の防水部分を撤去し、新たにモルタルで水こう配を付けて仕上げ、その上に、緩衝シート張付け・防水材すり込み塗り・補強材張り・防水材吹き付け及び保護塗料吹き付けを施工するアロンコートＳＱ－ＫＳ工法により修繕を行った事案では、①建築から22年経過して初めて施工された防水工事であることから建物の維持管理のためやむを得ない措置であった、②広く採用される一般的な工法であり、特に高価又は特殊なものではない、③防水保証期間が10年間であること、④工事の施工後、賃貸料の値上げ改定は行われていないという点から、修繕費に該当すると判断されたものもあります（平成11年10月15日裁決（全部取消し・棄却）ＴＡＩＮＳ：F0-1-054)。

（イ）ユニットバス・システムキッチン

ユニットバスやシステムキッチンなどを取り換えた場合には、特に性能の良いものに変えたわけではないので、修繕費で処理して大丈夫でしょうか。

＜裁判例・裁決例などからみるポイント＞

本件各工事の内容は、単に既存の台所設備・浴室設備の部材の一部を補修・交換したものではなく、建物の各住宅内で物理的・機能的に一体不可分の関係にある台所部分及び浴室部分について、建築当初から設置されていた各設備及び壁・床の表面等を全面的に新しい設備等に取り替えたものであり、このことは、建物の各住宅を形成していた一部分の取壊し・廃棄と新設が同時に行われたとみるべきものである。

（平成26年４月21日公表裁決（一部取消し）裁決事例集95集 ＴＡＩＮＳ：J95-2-06)

これは、不動産貸付業を営む個人の事例ですが、考え方は、法人にも当てはまるものです。裁決文では、工事内容について具体的に記しています。

（システムキッチン）

台所部分については、①既存の流し台、コンロ台、調理台などの設備を解体撤去し、壁に貼られたタイルを剥がすなどした解体工事と、②壁や床に凸凹があった場合にベニヤ板等を貼り平面にする下地工事をした上、③シンク、ガスコンロ、扉、引き出しなどを組み立てワークトップ（天板）でカウンターを覆い平面にして設置し、床及び壁面にコーキングなどの詰め物や接着材等で固定し、④壁面の上部にウォールキャビネット及びレンジフードを設置し、壁正面及び側面にキッチンパネルを貼り、⑤既存の給水管、排水管、ガス管及び電気配線とを接続したシステムキッチンを設置する工事。

（ユニットバス）

浴室部分については、①既存の浴槽、シャワーセット、天井パネル等を撤去し、壁に貼られたタイルを剥がすなどした解体工事と、②水漏れ防止のための天井、壁、浴槽、シャワーセット、床等の部材を組み立て設置し、③既存の給水管及び排水管等と接続したユニットバス設置工事。

国税不服審判所は、工事内容から、これら工事については、台所及び浴室を新設したことによって住宅ひいては建物の価値を高め、その耐久性を増すことになるとして建物の資本的支出に該当すると判断しています。

【平成26年４月21日国税不服審判所の判断の主要な論点】

- 本件各工事によって、新たにシステムキッチン及びユニットバスが設置された台所及び浴室は、建物と物理的・機能的に一体不可分な内部造作で、建物と一体となって、住宅としての用途における使用のために客観的に便益を与えるものであり、取り壊した台所部分及び浴室部分も同様であったと認められる。
- 本件各工事は、Ｎ社から請求人に説明された内容を基に、請求人が予算や損傷の度合い等を考慮して、取替工事を行うか、又は損傷のある箇所を補修・交換するかなどを決定して、最終的に取替工事が必要と判断した上で、平成17年以降順次施工されたものであり、その施工状況をみても、定期的に行ったものではない。
- 本件各取替費用は、建物の各住宅の通常の維持管理のための費用、すなわち修繕費であるとは認められず、新たにシステムキッチン及びユニットバスを設置し、台所及び浴室を新設したことによって、当該各住宅ひいては本件建物の価値を高め、又はその耐久性を増すことになると認められるから、その全額が資本的支出に該当するというべきである。

【実務上の留意点】

工事内容をみても、まず、既存の設備を解体し新たに設置した工事ですので、資本的支出に該当することは分かります。裁決文でも、「単に既存の台所設備・浴室設備の部材の一部を補修・交換したものではなく……」とあります。そのため、単に部材の一部などを補修等した場合には、修繕費で処理できるでしょう。

また、裁決文を読んでいくと全てを資本的支出とする判断ではなく、工事見積書などにより、既存設備の解体工事費は「修繕費」、同時に行われた洗面化粧台は10万円未満のため「少額減価償却資産」にと細かく分けています。
実務でも同様に、工事見積書などにより、どのような工事が行われたのか、定期的な補修であるのか、それとも新たな設備の設置ということで建物の価値及び耐久性を増すためのものであるのかなどの検討が必要となります。

（ウ）床の張替え、壁紙張替え

床板の張替え、壁紙の張替えについては、古いものを取り除き、新しいものに張り替えることになるので、資本的支出となるのでしょうか。

＜裁判例・裁決例などからみるポイント＞

改装工事において床をジュータン仕様からフローリング仕様へと品質を変えて張替工事を行っているが、ジュータン仕様の場合もフローリング仕様の場合も１平方メートル当たりの工事単価は５千円と変わりがなく、新築工事見積書によれば新築時の見積金額は１平方メートル当たり７千円であることから、品質を高めたり又は耐久性を増すものに取り替えたとは認められない。

したがって、原状回復のための支出であり、必要経費に算入するのが相当である。

（平成12年５月31日非公開裁決（一部取消し）ＴＡＩＮＳ：F0-1-103）

廃止された旧法人税基本通達235に、家屋の床のき損部分の取替や家屋の畳の表替などは、修繕費の例示として挙げられています。

この事案では、ホテル業を営む請求人（個人事業主）が、所有するホテルについて改装工事を行い、その中で客室の床をジュータン仕様からフローリング仕様に変更しました。

国税不服審判所は、上記のように①工事単価がジュータンの場合とフローリングの場合で変わりがないこと、②今回の改装工事は、新築時と比べてもさほど変わりがないことから、通常の管理又は修理であるとして、修繕費として認めています。これは、所得税の事案ですが、法人でも考え方は同様です。

また、壁紙張替えについては、国税庁のホームページの質疑応答事例に掲載されており、修繕費として認められています。

【照会要旨】
アパートの壁紙の張替費用200万円は、修繕費として損金の額に算入して差し支えありませんか。
【回答要旨】
修繕費として損金の額に算入して差し支えありません。
【理由】
建物取得時の壁紙の取得価額は、建物の取得価額を構成するものですが、本件の壁紙の張替えは、建物の通常の維持管理のため、又はき損した建物につきその原状を回復するために行われたものと考えられますから、それに要した費用はその全額を修繕費とするのが相当と考えられます。

（エ）ガラス飛散防止フイルム

地震対策等のために窓にガラス飛散防止フィルム（太陽熱吸収フィルム）を取り付けることもあります。取り付けによりガラスの強度が増しますが、これについて支出した金額は修繕費となるでしょうか。

東京国税局が平成23年６月に作成した「減価償却関係質疑応答集(普通償却・特別償却関係)」では、次のような解説があります（ＴＡＩＮＳ：償却事例東京局0072）。

【質疑事項】
太陽熱を吸収するフィルムを既存の建物のガラスに張った費用は、資本的支出となるか、一時の損金になるか。なお、フィルムを取り付けることは、災害発生時において割れたガラスの破片の飛散防止にも効果がある。
【回答要旨】
基本通達７－８－４《形式基準による修繕費の判定》又は７－８－５《資本的支出と修繕費の区分の特例》に定めるところにより、資本的支出と修繕費の区分をすることができるものとして差し支えない。なお、建物の新築又は取得に際してフィルムを取り付けた場合のその取付けのために要した費用の額については、その建物の取得価額に算入しなければならないことに留意する。
【理由】
そのフィルムの取付けが建物の窓ガラスの強化や熱線遮断による室内の冷暖房効率の向上等の効果を新たに付与するという意味では、建物に対する資本的支出としての性質を持つことは否定できないが、他面、フィルムを取り付けることにより災害発生時におけるガラスの飛散を防止し、近隣への被害を最小限に止めることができるものであることから、その取付費用は建物の維持管理費としての性質を併せ持つものであるといえる。

この解説では、新築時や新たに窓ガラスを取得した際にこれらフィルムを取り付けた場合には、その支出した金額は、建物に対する資本的支出として建物の耐用年数で償却となることが明らかにされています。既存の窓ガラスにフィルムを取り付けた場合は、法人税基本通達の形式基準に当てはめて、その金額が60万円未満又はその固定資産の前期末の取得価額のおおむね10％相当額以下であれば、修繕費として処理します（法基通７－８－４）。また、継続適用を要件とし、支出金額の30％相当額とその固定資産の前期末の取得価額の10％相当額とのいずれか少ない方を修繕費とし、残りを資本的支出として経理すること（法基通７－８－５）も認められています。

② 建物附属設備

建物附属設備と一概にいっても、範囲が広いです。ここでは、給排水工事、ＬＥＤランプへの変更、間仕切りパネルの設置について取り上げます。

（ア）給排水工事

給排水工事と一言でいっても、配管の取替からさび抜きなど多岐にわたります。平成11年の裁決では、これら給排水工事について、修繕費・資本的支出の具体的な例示を挙げています。

＜裁判例・裁決例などからみるポイント＞

給水管は、給排水設備の骨格的構成部分であると認められるから、給水管の使用可能期間の延長に伴い、給排水設備全体の使用可能期間も延長したとみるのが相当である。

（平成11年12月21日非公開裁決（一部取消し）ＴＡＩＮＳ：F0-1-102）

これは、所得税の事案です。鉄筋コンクリート造り陸屋根４階建ての賃貸アパートの水の出が非常に悪くなったために、給水管を新たに取り付けた工事の費用が修繕費に該当するかどうかが争われた事例です。国税不服審判所は、請求人が所有するアパートと同じ鉄筋コンクリート造りで、階数が４前後の賃貸アパートについて、給水管をどれくらいの年数で取り替えているのかを調査しています。その調査の結果、いずれも請求人と同様に建築後25年前後で取り替えていることから、請求人の場合も、本件給水管工事により、給水管の使用可能期間は、明らかに延長したとして、修繕費でなく資本的支出であると判断しています。

【平成11年12月21日国税不服審判所の判断の主要な論点】

- 鉄筋コンクリート造りで、階数が４前後の賃貸アパートを多数所有する複数の者（４者）について、給水管の取替実態を確認したところ、①新築後25年前後になると水漏れの発生が目立つようになること、また、②上記の４者は、所有する各棟を対象にいずれも25年前後で給水管を取り替えていることが認められた。
- 給水管の実際の使用可能期間は25年程度であると認められるところ、本件給水管工事は新築後25年５月で着手されたものであるから、使用可能期間がほぼ終了した時点でされたものと認められる。
- そうすると、本件給水管工事により、給水管の使用可能期間は明らかに延長したとみるのが相当である。また、給水管は給排水設備の骨格的構成部分であると認められるから、給水管の使用可能期間の延長に伴い、給排水設備全体の使用可能期間も延長したとみるのが相当である。

【実務上の留意点】

納税者の側からすると、他の不動産賃貸業者がどれくらいの頻度で給水管の取替工事を行っているのかは不明であり、その点、通常の維持管理であるかどうかの判断は分かりづらいのですが、今回のように給水管を新たに取り付けた工事では資本的支出と考えた方がよいでしょう。

なお、この裁決では、給水管の維持管理について次に掲げるように具体的に触れており、実務的に、修繕費かどうかの判断の基準として参考になると思います。

当審判所において、給水管の維持管理等の方法について調査したところ、次のとおりである。

A　給水管の劣化の主因は、さびの発生にあることが認められるところ、その発生を防止又は少なくする方法としては、さびの発生の原因とされる溶存酸素（水中に溶け込んでいる酸素）を、機械を使って抜き去る方法がある。

B　さびの発生の初期段階では、赤水の発生がみられるところ、これについては、機械によって発生させた水の圧力で、管内を洗浄する方法がある。

C　さびの発生が若干進んだ段階では、研磨剤を圧縮空気等で管内に送り込んでさびを除去した上、塗料を塗布する方法がある。

D　さびの発生が相当進んだ段階では、前記Cの方法を取ると、給水管に孔が開きかねないため、究極的には、給水管を取り替える方法となる。

したがって、上記のうち通常の維持管理に当たるのは、原則として上記AからCまでの方法であり、給水管の相当部分を取り替える方法は、これに当たらないとみるのが相当である。

（イ）ＬＥＤランプ交換

通常の蛍光灯からＬＥＤ蛍光灯への変更をした場合には、修繕費として経理処理することは認められるのでしょうか。国税庁はホームページの質疑応答事例で次のように回答しています。

【照会要旨】

当社では、節電対策として自社の事務室の蛍光灯を蛍光灯型LEDランプに取り替えることを考えていますが、その取替に係る費用については、修繕費として処理して差し支えありませんか。なお、当社は、これまで蛍光灯が切れた際の取替費用を消耗品費として処理しています。

【取替の概要】

①事務室の蛍光灯100本すべてを蛍光灯型LEDランプに取り替える。

なお、この取替えに当たっては、建物の天井のピットに装着された照明設備（建物附属設備） については、特に工事は行われていない。

②蛍光灯型LEDランプの購入費用　10,000円/本

③取付工事費　1,000円/本
④取替えに係る費用総額　1,100,000円

【回答要旨】

照会要旨に係る事実関係を前提とする限り、貴見のとおり解して差し支えありません。

【理由】

1　修繕費と資本的支出

法人がその有する固定資産の修理、改良等のために支出した金額のうち当該固定資産の通常の維持管理のため、又はき損した固定資産につきその原状を回復するために要したと認められる部分の金額は修繕費となります（法基通７－８－２）。一方、法人がその有する固定資産の修理、改良等のために支出した金額のうち、当該固定資産の価値を高め、又はその耐久性を増すこととなると認められる部分に対応する金額は資本的支出となります（法令132、法基通７－８－１）。

2　本件へのあてはめ

蛍光灯を蛍光灯型LEDランプに取り替えることで、節電効果や使用可能期間などが向上している事実をもって、その有する固定資産の価値を高め、又はその耐久性を増しているとして資本的支出に該当するのではないかとも考えられますが、蛍光灯（又は蛍光灯型LEDランプ）は、照明設備（建物附属設備）がその効用を発揮するための一つの部品であり、かつ、その部品の性能が高まったことをもって、建物附属設備として価値等が高まったとまではいえないと考えられますので、修繕費として処理することが相当です。

【実務上の留意点】

この質疑応答事例については、取替えという点と建物の天井のピットに装着された照明設備（建物附属設備）については、特に工事は行われていないという点に留意する必要があります。

つまり、この取替えにより使用可能期間が長くなるなどの効果もありますが、「建物附属設備として価値等が高まったとまではいえない」でしょう。

一方で、ＬＥＤランプ交換に伴い、大規模な電気工事が行われたり、照明設備全てを取り替えたりする場合もあります。その際には、その工事内容に応じて判断する必要があります。通常、照明設備を新たに取り替えた場合は、新たな資産の取得として考え、10万円未満の少額減価償却資産、20万円未満の一括償却資産、30万円未満の中小企業者等の少額減価償却資産などの適用を検討することになります。

（ウ）間仕切りパネル

耐用年数省令別表第１の「建物附属設備」に該当する「可動間仕切り」について、耐用年数の適用等に関する取扱通達２－２－６の２に次のように掲げられています。

> **２－２－６の２（可動間仕切り）**
> 別表第１の「建物附属設備」に掲げる「可動間仕切り」とは、一の事務室等を適宜仕切って使用するために間仕切りとして建物の内部空間に取り付ける資材のうち、取り外して他の場所で再使用することが可能なパネル式若しくはスタッド式又はこれらに類するものをいい、その「簡易なもの」とは、可動間仕切りのうち、その材質及び構造が簡易で、容易に撤去することができるものをいう。
> （注）　会議室等に設置されているアコーディオンドア、スライディングドア等で他の場所に移設して再使用する構造になっていないものは、「可動間仕切り」に該当しない。

例えば、ビル等の建築に当たって間仕切りをしたような場合や、ビルの一室を賃借して自由な設計で間仕切りをしたような場合は、本来建物についてした造作であり、建物そのものに含めて減価償却をしていきます（耐通１－２－３）。

なお、耐用年数省令別表第一では、可動間仕切りを「簡易なもの」と「その他のもの」に分けています。逐条解説（坂元左・廣川昭廣著「＜改訂新版＞耐用年数通達逐条解説」81頁）では、材質がベニア板であるものは、「簡易なもの」に該当するとしています。

また、ＴＡＩＮＳの法人税の相談事例（ＴＡＩＮＳ：法人事例001502）では、下記のように具体的な区分をしています。

① 簡易なもの……材質及び構造が簡易で、容易に撤去でき、床に接する部分のみをボルト締め等で取り付け、天井との間が空間になっているもの

② その他のもの……天井板と床とに接する部分の双方をボルト締め等で取り付けているようなもの

そして、このような間仕切りを取得して設置した場合には、建物附属設備として減価償却をします。例えば、取得価額が１枚当たり10万円未満のパネル（反復して撤去・設置が可能なもの）を複数枚取得した場合に、少額減価償却資産

として一時に損金の額に算入することが可能かどうかについて、国税庁のホームページの質疑応答事例では、「間仕切りとして設置した状態において少額の減価償却資産であるかどうかを判定することが相当と考えられます」とあり、１枚ごとの判定は相当でないとしています。

③　ソフトウエア

法人が、その所有するソフトウエアに修正等を行った場合に、修繕費になるのか資本的支出になるのかについては、その修正等の内容により変わってきます。

法人税基本通達７－８－６の２では、下記のような取扱いとなっています。

> **7－8－6の2（ソフトウエアに係る資本的支出と修繕費）**
> 法人が、その有するソフトウエアにつきプログラムの修正等を行った場合において、当該修正等が、プログラムの機能上の障害の除去、現状の効用の維持等に該当するときはその修正等に要した費用は修繕費に該当し、新たな機能の追加、機能の向上等に該当するときはその修正等に要した費用は資本的支出に該当することに留意する。
> （注）既に有しているソフトウエア、購入したパッケージソフトウエア等の仕様を大幅に変更して、新たなソフトウエアを製作するための費用は、原則として取得価額となることに留意する。

ソフトウエアにおいても、通常の修繕費と資本的支出の考え方と同様に、新たな機能の追加や機能の向上などの使用可能期間を延長させるような修正については、資本的支出に該当し、ただ単に、通常の維持管理によるものであれば、修繕費として処理します。

なお、消費税率の変更に伴う会計ソフトのプログラムの変更や消費税の軽減税率制度の実施に伴うＰＯＳレジのプログラム変更などについては、国税庁のホームページにて、修繕費として取扱う旨の情報がでています。

> **<消費税法改正に伴う会計ソフト修正費用の取扱いについて>**
> （問）消費税法改正により、平成16年４月から取引価格の総額表示が義務付けられることから、消費税に係る会計処理をコンピュータで行っているA社は、会計処理プ

ログラムを修正する必要があり、当該修正を外部に委託することとしています。
当該修正は、消費税法改正による総額表示義務付けに対してなされるものであり、新たな機能の追加、機能の向上等には該当しないことから、当該修正に要する費用は修繕費（損金算入）として取り扱うこととして差し支えないでしょうか。

（答）プログラムの修正が、消費税法改正による総額表示の義務付けに対してなされるものに限定されていることにつき、作業指図書等で明確にされている場合には、照会のとおりに取り扱って差し支えありません。

（解説）プログラムの修正が、ソフトウエアの機能の追加、向上等に該当する場合には、新たなソフトウエアの取得と認められ、こうした修正に要する費用は資本的支出として取り扱われることとなりますが、照会の会計処理プログラムの修正は、消費税法改正による総額表示義務付けに対して、現在使用しているソフトウエアの効用を維持するために行われるものであり、新たなソフトウエアの取得とは認められないことから、本事案における修正に要する費用は、修繕費に該当します。

（注）　プログラムの修正の中に、新たな機能の追加、機能の向上等に該当する部分が含まれている場合には、この部分に関しては資本的支出として取り扱うこととなります。

＜消費税の軽減税率制度の実施に伴うシステム修正費用の取扱いについて＞

（問）消費税法改正により、平成31年10月１日から消費税及び地方消費税の税率が８％から10％へ引き上げられ、この税率引上げと同時に消費税の軽減税率制度が実施されることから、軽減税率対象品目を扱うＡ社は、自社の固定資産であるＰＯＳのレジシステムや商品の受発注システム、経理システムのプログラムの修正を行う必要があり、当該修正を外部に委託することとしています。
当該修正は、消費税法改正による軽減税率制度の実施に伴い、事業遂行上、消費税の複数税率に対応した商品の管理や納税額の計算をしなければならなくなったために、必要な修正を行うものであり、新たな機能の追加、機能の向上等には該当しないことから、当該修正に要する費用は修繕費（損金算入）として取り扱うこととして差し支えないでしょうか。

（答）各システムのプログラムの修正が、消費税法改正による軽減税率制度の実施に対してなされているものに限定されていることにつき、作業指図書等で明確にされている場合には、照会のとおりに取り扱って差し支えありません。

（解説）プログラムの修正が、ソフトウエアの機能の追加、機能の向上等に該当する場合には、その修正に要する費用は資本的支出として取り扱われることとなりますが、照会の各システムのプログラムの修正は、消費税法改正による軽減税率制度の実施に対して、現在使用しているソフトウエアの効用を維持するために行われるものであり、新たな機能の追加、機能の向上等には該当しないとのことですので、本事案における修正に要する費用は、修繕費に該当します。

（注）プログラムの修正の中に、新たな機能の追加、機能の向上等に該当する部分が含まれている場合には、この部分に関しては資本的支出として取り扱うこととなり

ます。

（3）資本的支出を行った場合の減価償却費の計算

資本的支出を行った場合の減価償却費の計算については、法人税法施行令55条1項において、資本的支出部分については、その金額を取得価額として、旧減価償却資産と種類及び耐用年数を同じくする追加償却資産を取得したとして処理するということになります。

具体的には、その旧減価償却資産の取得がいつであったか、償却方法は何かという点により処理が異なります。

① 原則

減価償却資産について資本的支出を行った場合には、その支出金額を取得価額として、資本的支出を行った旧減価償却資産と種類及び耐用年数を同じくする減価償却資産を新たに取得したものとして減価償却を行うこととなります（法令55①）。なお、旧減価償却資産については、現に採用されている償却方法により減価償却を行うことになります。定率法を選定している場合には、平成24年4月1日以後に終了する事業年度においては、200％定率法により減価償却を行うこととなります。

② 特例

（ア）平成19年3月31日以前に取得をした減価償却資産に資本的支出を行った場合

平成19年3月31日以前に取得をした減価償却資産に資本的支出を行った場合には、従来と同様に、その資本的支出の金額を旧減価償却資産に加算して減価償却を行うことも認められています。この方法の場合には、資本的支出を含めた減価償却資産全体をその旧減価償却資産の耐用年数及び償却方法により償却を行います（法令55②）。

（イ）平成19年４月１日以後に取得をした減価償却資産に資本的支出を行った場合

法人が有する減価償却資産について定率法を採用している場合には、旧減価償却資産の帳簿価額と追加償却資産の帳簿価額の合計額を取得価額として、新たに取得したものとすることができます（法令55④）。この場合、資本的支出を行った翌事業年度開始の日を取得日として、旧減価償却資産の種類及び耐用年数に基づいて償却を行うこととなります。なお、この規定は、平成24年３月31日以前に取得された旧減価償却資産には適用できません（法令55④）。

（ウ）平成19年４月１日以後に同一事業年度に複数回の資本的支出を行った場合

平成19年４月１日以後に同一事業年度に複数回の資本的支出を行い、それぞれの資本的支出について定率法を採用した場合で、上記の（イ）の規定を受けないときは、その資本的支出を行った翌事業年度の開始の時に、その資本的支出のうち種類及び耐用年数を同じくするものの帳簿価額の合計額を合算し、一の減価償却資産を新たに取得したものとすることができます。つまり、資本的支出部分を合計して新たな資産の取得とすることができるということです。この場合には、新たに取得したものとされる一の減価償却資産については、資本的支出を行った翌事業年度開始の日を取得日として、旧減価償却資産と同じ種類及び耐用年数に基づいて償却を行うこととなります（法令55⑤）。

ただし、平成24年４月１日以後開始事業年度から、定率法が250％定率法から200％定率法に引き下げられたことにより、平成19年４月１日から平成24年３月31日までに取得した旧減価償却資産に対し、平成24年４月１日以後に資本的支出を行った場合には、帳簿価額の合計額を合算することはできません（平23.12改正法令附則３）。つまり、別々の資産として償却していくことになります。

例えば、機械及び装置などは、平成24年３月31日以前取得の資産は、250％償却法が、同年４月１日以後取得の資産には200％定率法が適用されます。そのため、250％定率法により償却を行う旧減価償却資産と200％定率法により償却を行う追加償却資産については、異なる種類及び耐用年数の資産とみなされ、これらの資産の帳簿価額を合算して一の減価償却資産を新たに取得したものとすることはできないこととなりますので注意してください。

〈まとめ〉

<table>
<tr><th></th><th>資産の取得時期</th><th colspan="2">減価償却方法</th></tr>
<tr><td>原則</td><td>—</td><td colspan="2">その減価償却資産と種類及び耐用年数が同じ減価償却資産を新たに取得したとして減価償却を行います（法令55①）。</td></tr>
<tr><td rowspan="4">特例</td><td>平成19年３月31日以前に取得した資産に資本的支出をした場合</td><td colspan="2">資産の取得価額に資本的支出を加算して減価償却（その資産の償却方法により）できます（法令55②）。</td></tr>
<tr><td rowspan="2">平成19年４月１日以後に取得した資産に資本的支出をした場合</td><td>減価償却資産と資本的支出の両方に定率法を採用。</td><td>資本的支出の翌事業年度にそれぞれの資産の帳簿価額を合算、合算額を取得価額（新規資産取得）とすることができます（法令55④）。</td></tr>
<tr><td>複数の資本的支出に定率法を採用。</td><td>資本的支出の翌事業年度にそれぞれの資本的支出の帳簿価額を合算、合算額を取得価額（新規資産取得）とすることができます（法令55⑤）。</td></tr>
<tr><td>平成19年４月１日から平成24年３月31日の間に取得した資産に平成24年４月１日以後資本的支出をした場合</td><td>減価償却資産と資本的支出の両方に定率法を採用。</td><td>資本的支出の翌事業年度にそれぞれの資産の帳簿価額を合算することはできません（法令55④）。</td></tr>
</table>

（4）資本的支出に伴い既存の資産を除却した場合

資本的支出をした資産を除却した場合の処理については、**第Ⅲ章　1**にて確認してください。

2

償却資産税の申告

固定資産を保有している期間中に課される税として、固定資産税、自動車税、償却資産税があります。これらは、国税でなく、地方税となります。資産の種類とそれら資産を保有することによる税金は下記のようになっています。本節では、これらの税の中で、申告が必要な償却資産税に限定して説明します。

資産の種類	税金	納税義務者
土地・建物	固定資産税	毎年１月１日現在の土地、家屋の所有者
車両及び運搬具	自動車税	毎年4月1日午前0時の時点の自動車の所有者
	自動車重量税	車検や新車登録の際に課される税
構築物	償却資産税	毎年１月１日現在の償却資産の所有者
建物附属設備（*）	償却資産税	毎年１月１日現在の償却資産の所有者
機械及び装置	償却資産税	毎年１月１日現在の償却資産の所有者
船舶	償却資産税	毎年１月１日現在の償却資産の所有者
航空機	償却資産税	毎年１月１日現在の償却資産の所有者
車両及び運搬具（自動車税、軽自動車税の課税対象を除く）	償却資産税	毎年１月１日現在の償却資産の所有者
工具、器具及び備品	償却資産税	毎年１月１日現在の償却資産の所有者

（*）建物附属設備のうち、家屋となるものと償却資産となるものがあります。東京都（23区）の場合は、東京都主税局のホームページにその区分が掲載されています。例えば東京都（23区）では、厨房設備のうち、システムキッチンは家屋となりますが、飲食店やホテルの事業用の厨房設備は償却資産となります。詳しくは、自治体のホームページ等で確認してください。

(1) 償却資産の申告時の留意点

① 償却資産税申告の概要

償却資産税の納税義務者とは、毎年1月1日現在、前頁の表に掲げられている構築物・機械及び装置などを保有している所有者です。建物等の賃借人であっても、内装や造作を取り付けた方も申告が必要となります。毎年1月末日まで、その償却資産が所在する都税事務所や市町村の資産課税課などに償却資産税の申告書を提出することになります。

税額は、「課税標準額(千円未満切り捨て)×1.4%」で算出します。

ただし、課税標準額が150万円未満の場合には、償却資産税は課されませんので、納税通知書の交付がありません。課税標準額が150万円以上の場合には、納税通知書が交付されます。納付は、年4回(又は一括)となりますが、納付期限は、市町村により異なります。

また、償却資産税の計算の基礎となる「課税標準額」は、市町村が計算をしますので、申告書に計算をして記載する必要はありません。申告書には、資産の名称、資産の種類、数量、取得価額、取得年月等を記載します。

② 申告の対象となる資産

申告の対象となる資産は、1月1日現在の事業の用に供することができる資産です。

あくまでも、「供している」ではなく、「供することができる」となっているところがポイントです。そのため、遊休や未稼働の資産も申告の対象となっています。このように、法人税法上の減価償却資産とは、一部違うところがありますので注意が必要です。

申告の対象となる資産は、次に掲げる資産となります。

＜償却資産の対象となる資産＞
（ア）償却済資産（耐用年数が経過している資産）
（イ）建設仮勘定で経理されている資産及び簿外資産
（ウ）遊休や未稼働の資産
（エ）資産に加えられた資本的支出（資本的支出については、本体とは別に、新たな資産の取得として取扱います）
（オ）福利厚生のために使用している資産
（カ）使用可能期間が１年未満のもの又は取得価額が２０万円未満の資産で個別に減価償却をしているもの
（キ）少額の減価償却資産のうち、下記に該当するもの

<table>
<tr><th></th><th colspan="4">資産の取得価額</th></tr>
<tr><td>償却方法</td><td>10万円未満</td><td>10万円以上
20万円未満</td><td>20万円以上
30万円未満</td><td>30万円以上</td></tr>
<tr><td>一時損金算入</td><td>申告の対象外</td><td></td><td></td><td></td></tr>
<tr><td>一括償却資産
（3年均等償却）</td><td colspan="2">申告の対象外</td><td></td><td></td></tr>
<tr><td>リース資産（ファイナンス・リース）</td><td colspan="2">申告の対象外</td><td colspan="2">申告の対象＊</td></tr>
<tr><td>中小企業特例を
受けている資産</td><td colspan="3">申告の対象</td><td></td></tr>
<tr><td>個別に減価償却を
している資産</td><td colspan="4">申告の対象</td></tr>
</table>

＊ファイナンス・リースの申告の対象者は、所有権移転外リースの場合は、貸主、所有権移転リースの場合は、借主となります。

中小企業特例とは、中小企業者等の少額資産の損金算入の適用や中小企業経営強化税制、グリーン投資減税、国家戦略特区税制などの適用を受けたものです。そのため、法人税法上、有利だからとしてこれら中小企業特例を受けた場合、償却資産税については、課税の対象となります。

③　申告書の書き方

償却資産の申告書は３枚あります。償却資産申告書（償却資産課税台帳）と種類別明細書（増加資産・全資産用）と種類別明細書（減少資産用）です。

初めて償却資産の申告をする場合には、種類別明細書（増加資産･全資産用）と償却資産申告書（償却資産課税台帳）を提出する必要があります。前年に申告した場合には、既に所有している資産について記載した書類が郵送されてきますので、種類別明細書（減少資産用）に異動（減少・修正）した資産を記入し、新たに取得した資産については、種類別明細書（増加資産・全資産用）を記載するだけとなります。その増減を加味した償却資産申告書（償却資産課税台帳）を提出します。

なお、償却資産税の申告を電子で行う場合には、紙での申告とは違います。申告データの作成方法は、①電算システムで作成、②申告データを手入力で作成、③プレ申告データを活用して作成の３つの方法があります。使用する様式は、紙申告と同様に、償却資産申告書（償却資産課税台帳)、種類別明細書（増加資産・全資産用)、種類別明細書（減少資産用）ですが、プレ申告データを活用する場合には、種類別明細書（減少資産用）（プレ申告用）があります。電算システムで作成の方法を選択すると、全資産申告（電算処理分）となりますので、前年分と変更がない場合でも、全ての資産について評価額等を算出した上で、申告することが必要となります。

（2）裁判例からみる誤りやすい償却資産税事例

賃借建物の内部造作についての納税義務者が争われた事例です。原告は個人事業主ですが、その制度趣旨としては、法人も同じです。

この判決では、償却資産税の趣旨について、下記のように判示しています。

＜裁判例・裁決例などからみるポイント＞

地方税法343条１項が、賦課期日における償却資産の所有者に当該償却資産の固定資産税を課することとしたのは、同人が償却資産を所有して利用しているという事実に担税力を認めたことによるものと解される。

（平成19年３月23日東京地裁（棄却）ＴＡＩＮＳ：Z999-8173）

個人事業主甲が店舗を借り受ける賃貸借契約を締結後、その店舗に建具、看板、給排水工事等（物件１）を行い、機械及び装置（物件２）を取得しました。所得税の確定申告の際に、これらを減価償却資産とし、減価償却費を計上していましたが、東京都に対する償却資産の申告は、物件２のみ行っていました。裁判では、店舗内装造作である物件１の納税義務者が家屋の所有者かそれとも甲であるのかが争われた事例です。

【平成19年３月23日東京地裁の判断の主要な論点】

- 地方税法は、固定資産税は賦課期日である当該年度の初日の属する年の１月１日現在における固定資産の所有者に課することとし、所有者とは償却資産については償却資産課税台帳に所有者として登録されている者をいう旨規定しているところ、この償却資産課税台帳に登録されている所有者とは、賦課期日現在における当該償却資産の所有者と認定された者であると解するのが相当である。
- 賃貸人にとって、賃借人が付加し、又は設置した内装等は、経済上有益なものであるということはできない。他方、賃借人は、自らが付加し、又は設置した内装等を、賃貸借契約終了時に自ら撤去しなければならないが、仮に、新たな賃借人がそれらをそのまま利用するのであれば、これを有償で譲渡することも可能となることから、当該内装等を賃借人の所有とすることは、賃借人にとって経済上利益となるものである。
- そうすると、本件物件１の内容及び態様を考慮すると、物件１の所有権は、家屋の所有者ではなく、物件１を将来撤去する前提で家屋に付合させた原告に留保されているものと解するのが相当である。
- 本件物件１に係る固定資産税を負担すべき者は、家屋の所有者ではなく、店舗用内装造作を使用して製造販売業を営んでいる原告であると解するのが相当である。

【実務上の留意点】

機械及び装置や工具器具備品のような資産の場合には償却資産として認識されやすいですが、建物附属設備のような内部造作ですと、家屋の所有者かそれとも賃借人の所有なのか分かりづらいことも確かです。しかし、家屋の所有者以外の賃借人（テナント）が取り付けたものは、賃借人の償却資産として申告が必要です。

また、建物所有者が取り付けた設備であっても、その設備の内容により償却資産として申告が必要なものもあります。詳しくは、自治体に問い合わせください。

第 III 章

減価償却資産の処分時の税務

減価償却資産を処分する方法には、大きく分けて３つあります。減価償却資産が壊れたなどとして廃棄する方法、廃棄などしていないが使用を廃止する方法（有姿除却）、そして売却する方法です。本章では、それぞれの処理についてみていきます。

1

減価償却資産の除却損

除却損の計上は、資産を廃棄等した事業年度に計上します。この時には、廃棄したことを証明する書類等の保存が重要になります。

（1）原則的取扱い

減価償却資産を廃棄等した場合には、その廃棄等をした事業年度に、その減価償却資産の未償却残高（帳簿価額）を除却損として計上します。また、その廃棄等に伴い支出した費用についても、同様に除却損として計上します。除却に伴い、スクラップ価額のように処分見込価額がある場合には、その価額を差し引いたものが除却損となります。

ただし、一括償却資産や総合償却資産などを除却した場合には、例外的な取扱いがありますので注意が必要です。

（2）一括償却資産を除却した場合

一括償却資産とは、取得価額が20万円未満で、取得した事業年度から３年間で減価償却を行う資産のことです。

例えば、１台15万円のパソコンを５台購入後、翌事業年度にそのうち１台を除却した場合には、原則的取扱いのようにその減価償却資産の未償却残高である10万円を除却損としては計上しません。この場合、あくまでも損金の額に算入される金額は、一括償却資産の損金算入規定の限度額である５万円となります（法基通７－１－13（注））。

（例）１台15万円のパソコンを５台購入した場合
購入１年目　減価償却費　15万円×５台×１／３＝250,000円
購入２年目　減価償却費　15万円×５台×１／３＝250,000円・・○
　　　　　　除却損　　　15万円×１台×２／３＝100,000円・・×

取得後の３分の１ずつ償却している期間中に除却をした場合でも、除却損は計上せず、そのまま３分の１ずつ減価償却を続けることとなります。その理由は、この規定が設けられた趣旨が、「取得価額が20万円未満の減価償却資産を企業が個別管理することによる事務負担に配慮したものであり、このことからすれば、供用事業年度後の個々の資産の状況にかかわらず法人税法施行令133条の２第１項の規定に従い計算される損金算入限度額の範囲内での損金算入を行うべきものである」（佐藤友一郎編著「法人税基本通達逐条解説」第九訂版568頁）との考えによるものです。なお、３分の１の償却期間が過ぎた後は、未償却残高（帳簿価額）は零となっていますので、除却した際には、除却損も零ということになります。

（３）総合償却資産の除却損

総合償却資産とは、「機械及び装置」と「構築物」のことで、個々の資産の全部を総合して一の耐用年数によって償却することが定められているものです。そのため、総合償却資産の一部を中古で購入した場合などは、個別償却資産とは取扱いが異なっています（詳しくは、**第Ⅰ章　６**を参照してください）。しかし、これらのうち一部分のみ廃棄等した場合には、個別償却資産と同様に、その資産の総合耐用年数を適用して計算した除却時の未償却残高を除却損として計上します（法基通７－７－３）。総合償却資産については、平成19年度の改正前には、除却時には個別耐用年数による償却は完了しているとして、その除却等に係る個々の資産の取得価額の５％相当額をその資産の帳簿価額として除却損を計上していました（「５％除却法」と呼ぶ）。しかし、平成19年度の税制改正で、残存価額の廃止に合わせて償却可能限度額が廃止されたことにより、

備忘価額１円まで償却できることとなったため、未償却残高による除却に改められました。

（4）ソフトウエアの除却損

ソフトウエアについては、物理的な除却、廃棄、消滅がない場合にも、次に掲げるように今後そのソフトウエアを事業の用に供しないことが明らかな事実がある場合には、そのソフトウエアの帳簿価額をその事実が生じた日の属する事業年度の損金の額に算入できます（法基通７－７－２の２）。

① 自社利用のソフトウエアについて、そのソフトウエアによるデータ処理の対象となる業務が廃止され、そのソフトウエアを利用しなくなったことが明らかな場合、又はハードウエアやオペレーティングシステムの変更等によって他のソフトウエアを利用することになり、従来のソフトウエアを利用しなくなったことが明らかな場合

② 複写して販売するための原本となるソフトウエアについて、新製品の出現、バージョンアップ等により、今後、販売を行わないことが社内りん議書、販売流通業者への通知文書等で明らかな場合

つまり、ソフトウエアの場合には、物理的な廃棄等がない場合でも、今後事業の用に供しないことが明らかな場合には、その帳簿価額を除却損として計上できます。ただし、今後事業の用に供しないということを明らかにする資料の保存は必要になります。

（5）電話加入権の除却損

ＮＴＴ東日本のホームページによると、不要になった電話加入権については、利用休止・一時中断・解約の３つの手続きがあります。税務上は、利用休止や一時中断では、再度利用する可能性があるため、除却することはできません。しかし、解約の手続きを行う場合には、実際に使用することはないため、その

帳簿価額を除却損として計上することが可能です。また、利用休止の手続きを行った後でも、休止工事日から10年間、利用の申し出がない場合には、加入電話契約（電話加入権等）は解約されたものとして取り扱う旨が、ＮＴＴ東日本のホームページに記載されていますので、10年経過後では、除却損の計上は可能です。

ここで問題となるのが、10年の起算日です。ホームページでは、「休止工事日（又は利用休止期間延長の手続き日）から10年間」となっていますので、10年経過後に除却をする際には、これらの日付がわかる書類の保存も必要になります。

2

有姿除却の要件

有姿除却は認められていますが、「事業の用に供する可能性がない」ことについては、しっかりと証明できるようにする必要があります。

有姿除却とは、対象となる固定資産が物理的に廃棄されていない状態で税務上除却処理をすることです。これは、法人税基本通達７－７－２に下記のように規定されています。

7－7－2（有姿除却）

次に掲げるような固定資産については、たとえ当該資産につき解撤、破砕、廃棄等をしていない場合であっても、当該資産の帳簿価額からその処分見込価額を控除した金額を除却損として損金の額に算入することができるものとする。

（1） その使用を廃止し、今後通常の方法により事業の用に供する可能性がないと認められる固定資産

（2） 特定の製品の生産のために専用されていた金型等で、当該製品の生産を中止したことにより将来使用される可能性のほとんどないことがその後の状況等からみて明らかなもの

通達で認められているとはいえ、まだ使用でき、現状有姿の固定資産を除却するのですから、そこには、通達にある「事業の用に供する可能性」や「将来使用される可能性」がないという点を証明する必要があります。有姿除却が争われた裁判例でも、固定資産の再使用可能性があるかどうかが争われています。

具体的に、再使用可能性が争われた裁判例で、納税者の主張が認められた事案からその判断基準を探ります。

（１）裁判例からみる有姿除却の要件

有姿除却が認められた裁判例

＜裁判例・裁決例などからみるポイント＞

電気事業固定資産の除却、すなわち、既存の施設場所におけるその電気事業固定資産としての固有の用途の廃止をした場合には、除却時点における除却物品の帳簿価額を電気事業固定資産勘定から減額するとともに、当該除去物品の適正な見積価額をもって貯蔵品勘定その他の勘定へ振り替えることとし、当該帳簿価額と適正な見積価額との差額（物品差損）及び旧工費差損の金額の合計額を除却損として計上すべきことになる。

（平成19年１月31日東京地裁（全部取消し）（税務訴訟資料257号順号10623））

この事案は、電力会社が５基の火力発電設備について、電気事業法等に基づく廃止のための手続をしたのち、各発電設備ごとに一括して有姿除却を行い、その除却損を損金の額に算入して確定申告を行ったものです。

東京地裁は、課税庁の処分を全て取り消し、有姿除却を認めていますが、それには、下記のような６点から検討を行い、除却損を認めています。

【平成19年１月13日東京地裁の判断の主要な論点】

火力発電設備の除却損を損金に算入することの可否を判断するに当たっては、本件火力発電設備を構成する個々の電気事業固定資産について、電気事業会計規則14条にいう除却の要件が充足されているか否かを検討すべきこととなる。

① 平成８年度以降、発電効率が極めて高い最新鋭の大規模発電設備が順次運転を開始したため、最大電力需要に比べて供給力が過大となり、同10年ころには、設備余剰の状態が一層顕著となっていたこと、

② 本件火力発電設備（Ｄを除く）は、他の燃料に比べて高価な石油を燃料としており、高効率の新規発電設備と比較して経済性が劣っていたこと、

③ 本件火力発電設備（Ｄを除く）は、運用開始後26年ないし38年が経過

し、法定耐用年数である15年を大幅に超えて運用がされていたこと、
④　平成11年以降、本件火力発電設備（Dを除く。）については、年間を通じて運用を停止する長期計画停止を行ってきたこと、
⑤　Dは、F近隣のG発電所の稼働率低下に伴い、発電メリットが保守費用を下回る状況が続くと見込まれていたこと、
⑥　原告では、平成12年３月の電力小売部分自由化の実施等の経営環境の変化を受け、経年火力発電設備対策が重要な経営課題とされていたことから、廃止ユニット候補として本件火力発電設備が選定され、所定の社内手続及び電気事業法に基づく届出の手続を経て、遮断器の投入・遮断回路の配線が切断され、廃止に至ったものである。

以上の諸点を総合すれば、本件火力発電設備については、電気工作物変更届出書に記載された廃止日の時点で、将来再稼働される可能性はないというべきである。

この事案は、電気事業法を基に除却を検討している点で特殊な事例かもしれません。

しかし、有姿除却が認められているという点で、より実務的で参考になる事例です。

【実務上の留意点】

まず、有姿除却を検討する場合には、主張・立証責任が納税者側にあるということです。そのため、その主張・立証が不十分だと、除却損が認められない場合もあります。

実務的には、しっかりと立証できる証拠が必要となります。

3

減価償却資産の売却

第三者以外への売却の際、時価と売却価額との差額が生じている場合には、課税が生じます。

減価償却資産を売却した際の注意点をみていきます。売却といっても、自動車のように、新車を購入時に下取りしてもらったなど第三者に売却することもあれば、役員や従業員などに売却することもあるでしょう。ここでは、売却時の問題点として、売却価額と消費税法上の取扱いについて取り上げます。

（1）原則的取扱い

減価償却資産を売却した場合には、売却による収入金額とその減価償却資産の帳簿価額、その売却に伴い支出する費用の合計額との差額が売却益及び売却損となります。

ただし、その売却価額が、その資産の時価に比べ、低額な価額や高額な価額である場合には注意が必要です。

例えば、法人に対して低額譲渡を行った場合には、売買価額とその資産の適正な価額、つまり時価との差額は、譲渡した側の法人では法人税法37条に規定する寄附金となり、譲り受けた側の法人では、受贈益として益金の額に算入されます。高額な価額であった場合には、譲渡した側の法人では、その資産の適正な時価と売却価額との差額は、受贈益として益金の額に算入し、譲り受けた側の法人では、寄附金となります。そのため、特に関連会社などの間で減価償却資産を売却する際には、売却価額はその資産の適正な時価とする必要があります。

一方、役員や従業員に対して低額譲渡を行った場合には、売買価額とその資産の適正な価額と差額は、役員給与や従業員への賞与として課税され、法人側では源泉徴収義務が生じます。なお、この場合でも、法人側はその資産を適正な価額で譲渡を行ったとして、売却益を計上する必要があります。税務調査でこのような指摘を受けると、源泉所得税の納税告知処分と法人税の更正処分とをダブルで受けることになります。そのため、第三者間での取引でない場合には、売買価額の設定に注意する必要があります。

（2）譲渡収入の計上時期

減価償却資産の譲渡収入を計上する時期については、原則として、その引渡しがあった日の属する事業年度の益金の額に算入します。ただし、その固定資産が土地、建物などであった場合には、法人が固定資産の譲渡に関する契約の効力発生の日において収益計上を行っているときは、その効力発生の日は、引渡しの日に近接する日に該当するものとして、収益を計上することも認められています（法基通２－１－14）。

ここでいう「引渡しがあった日」については、実質により判定します。「引渡しがあった日」や収益が実現したといえる日が必ずしも明らかでない場合には、契約上買主に所有権がいつ移転するものとされているかということだけではなく、代金の支払いに関する約定の内容及び実際の支払いの状況、登記関係書類や建物の鍵等の引渡しの状況、危険負担の移転時期、不動産から生ずる果実の収受権や不動産に係る経費の負担の売主から買主への移転時期、所有権の移転の登記の時期等の取引に関する諸事情を考慮して、不動産の現実の支配がいつ移転したかを判断し、現実の支配が移転した時期をもって、判断するのが相当であるとされています（平成26年１月27日東京地裁（棄却）（税務訴訟資料264号順号12397））。

なお、通達では、引渡しの日がいつであるか明らかでないときは、次の①②に掲げる日のうちいずれか早い日にその引渡しがあったものとすることができるとされています（法基通２－１－２）。

① 代金の相当部分（おおむね50％以上）を収受するに至った日

② 所有権移転登記の申請（その登記の申請に必要な書類の相手方への交付を含む）をした日

（3）消費税法上の取扱い

法人税法では、譲渡益に対して課税されますが、消費税法では、売却価額に対して消費税が課されます。そのため、法人が事業の用に供していた建物や機械装置、車両などを譲渡した場合には、その売却価額を課税標準として消費税が課されることとなります。

一方、建物を譲渡した場合に、その敷地である土地と共に一括で譲渡した場合には、それぞれの資産の譲渡の対価について合理的に区分しなければなりません。この場合、消費税法上の資産の譲渡の対価については、それぞれの対価につき、法人税の土地の譲渡等に係る課税の特例の計算における取扱いにより区分しているときは、その区分したところによる（消基通10－１－５）とされています。そのため、譲渡価額を固定資産税評価額などで合理的に按分した場合には、消費税法上もそれを認めるというものです。

また、実務的に一番多く発生する車両の売却等をした際のリサイクル預託金の取扱いについては、次頁にその取扱いをまとめましたので参照ください。

〈リサイクル預託金の消費税法上の取扱い〉

（リサイクル預託金とは、①シュレッダーダスト料金、②エアバッグ類料金、③フロン類料金、④情報管理料金及び⑤資金管理料金で構成されています。）

	消費税の取扱い	理由
取得した際	不課税（ただし、資金管理料のみ課税仕入れ）	①～④の料金は、「リサイクル預託金」として自動車を廃車するために引取業者に引き渡すまでセンターが預かっている資金で、⑤は、「リサイクル預託金」をセンターで管理するための費用です。
廃棄した際	課税仕入れ	廃車のため自動車を引取業者へ引き渡した時点で解体などの役務の提供を受けることとなるため、「リサイクル預託金」は課税仕入れとなり、それまで資産計上していた「リサイクル預託金」を費用として計上します。
売却した際	非課税取引（ただし、金銭債権の譲渡となるため、譲渡対価の５％を非課税売上とし課税売上割合を求める際の分母に算入します）	旧所有者は、「リサイクル預託金」相当額を新所有者（販売店等）から受け取り、新所有者に対して「リサイクル券」を引き渡すこととなります。この「リサイクル券」の引渡しは金銭債権の譲渡となるため非課税取引となり、資産計上していたリサイクル預託金を現金等に振り替えることになります。

（審理専門官情報第23号大阪国税局個人課税審理専門官平成19年１月26日、ＴＡＩＮＳ：所得事例大阪局231503を基に作成）

用語索引

【英数】

ＬＥＤランプ …… 110
ＰＯＳレジのプログラム変更 …… 113

【あ行】

圧縮記帳 …… 55
意匠権 …… 59
一括償却資産 …… 6, 31, 120, 126
居抜き店舗 …… 76
請負契約 …… 61
屋上防水工事 …… 101
オペレーションリース取引 …… 8

【か行】

会計ソフトのプログラム変更 …… 113
外壁塗装工事 …… 101
壁紙張替え …… 106
ガラス飛散防止フィルム …… 107
機械装置
…… 5, 11, 18, 30, 54, 61, 68, 118, 127
給排水工事 …… 108
漁業権 …… 59
減価償却の償却単位 …… 30
減価償却方法 …… 17
現物出資 …… 70
高額特定資産 …… 90
航空機 …… 5, 118
工具器具備品 …… 5, 11, 13, 18, 54, 118
構築物 …… 5, 18, 30, 68, 89, 118, 127
個別償却資産 …… 30

【さ行】

自己建設高額特定資産 …… 92
システムキッチン …… 104
実用新案権 …… 59
資本的支出 …… 68, 89
車両運搬具 …… 5, 18, 43, 118
修繕費 …… 96
取得価額 …… 37
取得時期 …… 58
少額減価償却資産 …… 5, 9, 31, 120
償却資産税 …… 118
償却方法の届出書 …… 18
償却方法の変更承認申請書 …… 19
商標権 …… 59
所有権移転外リース取引 …… 8, 18, 22, 120
税額控除 …… 27
船舶 …… 5, 18, 118
総合償却資産 …… 30, 68, 74, 127
ソフトウエア …… 42, 113, 128
損金経理 …… 78

【た行】

太陽光発電設備 …… 34, 63
耐用年数 …… 24, 67, 70, 73
耐用年数の短縮承認申請書 …… 25
建物 …… 5, 18, 46, 54, 65, 89, 101, 118
建物附属設備 …… 5, 13, 18, 89, 108, 118
中古資産 …… 67
中小企業投資促進税制 …… 28, 80
中小企業特例（中小企業者等の少額
減価償却資産の取得価額の損金算
入の特例）…… 6, 120
調整対象固定資産 …… 72, 90
電話加入権 …… 128
当初申告要件 …… 80
特別償却 …… 27
特許権 …… 59
取壊費用 …… 40, 46

【な行】

内部造作 ………………………………… 121

【は行】

美術品 ……………………………………… 14
ファイナンスリース取引 ………….. 7, 120
法人成り ………………………………… 70
法定償却方法 …………………………… 17
防犯用ビデオカメラ …………………… 32

【ま行】

間仕切りパネル ……………………… 112
未経過固定資産税相当額 ………… 44, 55

【ゆ行】

有姿除却 ……………………………… 130
床の張替え …………………………… 106
ユニットバス ………………………… 104

【ら行】

リサイクル預託金 ………………… 43, 136
冷房設備 ………………………………… 13

著者紹介

草間　典子（くさま　のりこ）
平成17年税理士登録。草間典子税理士事務所所長。
現在　東京税理士会　日本税務会計学会訴訟部門委員。
【主要著書】『判例・裁決例にみる　関連会社・役員との取引をめぐる税務判断』（共著／新日本法規）

著者との契約により検印省略

令和２年７月20日　初　版　発　行

裁判例・裁決例から紐解く
減価償却資産の税務実務

著　　者	草　間　典　子
発 行 者	大　坪　克　行
印 刷 所	株 式 会 社 技 秀 堂
製 本 所	牧製本印刷株式会社

発 行 所　東 京 都 新 宿 区 下落合２丁目５番13号　株式会社　**税 務 経 理 協 会**

郵便番号 161-0033　振替　00190-2-187408　電話（03）3953-3301（編集代表）
FAX（03）3565-3391　（03）3953-3325（営業代表）
乱丁・落丁の場合はお取替えいたします。
URL http://www.zeikei.co.jp/

ISBN978-4-419-06698-7　C3034